DE LA RÉDACTION

DES LOIS

DANS LES MONARCHIES.

Se trouve;

A Paris , chez SAINT-MICHEL , Libraire,
quai des Augustins , n.° 49;

A Carpentras, chez DEVILLARIO-QUENIN,
Imprimeur-Libraire.

DE LA RÉDACTION

DES LOIS

DANS LES MONARCHIES.

Ouvrage adressé aux États-Généraux qui s'assembleront dans une Monarchie quelconque.

Par M. d'OLIVIER,

Conseiller à la Cour Royale de Nismes.

> Heureux les peuples dominés par les Philosophes,
> ou dont les Rois suivent les préceptes de la
> véritable philosophie.
>
> *PLATO*, *de Republic. Dialog.* 5.

SECONDE ÉDITION.

AVIGNON,

Chez L. AUBANEL, Imprimeur-Libraire.

1815.

Cette seconde édition est littéralement une copie de la première , qui fut de suite épuisée en
1789. La seule différence consiste en peu de notes
ajoutées ici au bas de quelques pages , et dans la
suppression de plusieurs pages qu'il a paru inutile
de conserver , par le motif sur-tout , qu'il n'y étoit
question que des embarras de la jurisprudence , et
de la diversité des coutumes françaises , chose à
laquelle il a été pourvu.

Les nouvelles notes qui seront ici ajoutées , seront
reconnues par un astérique , tandis que les notes
de la première édition restent marquées par un
chiffre.

A sa Majesté Très-Chrétienne,

LOUIS XVIII le désiré,

SIRE,

Le plus précieux avantage que j'aye
à retirer, en offrant à Votre MAJESTÉ
cette seconde édition d'un ouvrage publié

en 1789, est de me complaire et trouver une espèce de consolation dans le souvenir des sentimens tendres et respectueux que m'inspiroit alors, comme à tous ses bons sujets, ce Prince si digne d'amour, dont les grandes vertus n'ont été comparables qu'à ses mortelles infortunes, pendant que les mêmes vertus nous sont retracées par Votre MAJESTÉ.

La France horriblement punie par vingt-cinq ans de troubles et de malheurs, de ce qu'une multitude égarée refusoit les hommages, dûs à la Royauté occupée par le meilleur des hommes, frappée de la honte éternelle du plus affreux régicide, peut imputer ce crime épouvantable aux complots d'une scélérate minorité. Mais la Providence qui répare tout par d'immortelles récompenses , se laisse fléchir sur la terre par les regrets amers des foibles humains , et nous permet d'embrasser les genoux de l'admirable LOUIS XVI dans la personne sacrée de son auguste frère.

Les profondes méditations et la haute sagesse de Votre MAJESTÉ rendue miraculeusement à nos vœux , l'ont portée à concéder une charte constitutionnelle propre à concilier tous les esprits. Sans manquer au devoir de soumission imposé par cette charte , puisqu'elle est marquée du sceau de la paternité, qu'il me soit permis de redire les principes généraux d'antique expérience que j'avois exposés avant la fatale révolution

qui vient de se terminer, sans prétendre
en induire aucune application présente,
que la diversité des temps peut légiti-
mement exclurre.

De Votre MAJESTÉ,

Le très-fidèle sujet,

D'OLIVIER, Conseiller
à la Cour Royale de Nismes.

CHAPITRE PRÉLIMINAIRE.

Vues principales auxquelles se rapporte le plan tracé dans cet Ouvrage.

Faire des lois.... qui l'osera ?.... Nous sommes tous égaux touchant les rapports les plus importans qui existent entre nous mortels. Dans le sanctuaire de la pensée, nous sommes indépendans , ou , pour mieux dire , nous ne dépendons que de la vérité, qui a droit de nous subjuguer par une conviction intérieure. Si l'erreur nous égare , c'est qu'elle a usurpé les dehors de la vérité : il suffit de la démasquer, pour qu'elle perde son empire. Mais la vérité pure, sincère, dès qu'elle se montre à découvert , dès qu'elle n'est plus offusquée , est invincible : jamais elle ne perd sa puissance : rien n'est plus fort qu'elle sur l'esprit , sur l'intelligence ; rien ne lui résiste dans la nature : elle est Dieu.

Si la pensée est indisciplinable , et si la providence , qui a créé les hommes pour la société, a rendu nécessaires certaines lois, en

A

marquant la place du prince et du sujet, du magistrat et du soldat, de l'agriculteur, de l'ouvrier, du commerçant, il est évident que, pour assurer l'exécution de ces lois, pour en obtenir l'utilité qu'elles promettent, pour ne point élever un combat entre la raison de chacun, et une force nuisible que cette raison repousse et déteste, les lois utiles, celles qui tiennent à la vérité par essence, doivent être puisées dans le fond de raison que Dieu a communiqué aux hommes.

Les principaux rapports des hommes entre eux sont par eux sentis naturellement : ces sentimens réfléchis par la raison deviennent, dans l'esprit de l'homme, des idées de convenance claires et justes. Ainsi les premières lois résident dans des sentimens naturels : les autres lois, qui tiennent à celles-ci, ne sont que des rapports de convenance ou d'utilité reconnus par la raison. Par-tout le sentiment domine avant la raison, quoique la raison semble être le plus bel apanage de l'homme. On ne doit point s'en étonner : la raison humaine, quoiqu'elle émane du Créateur, appartient à des créatures : c'est un instrument dont l'usage leur est confié. Il n'en est pas de même du sentiment, qui est une espèce de mouvement imprimé par l'Être-Suprême. Cette impulsion, donnée par une main toute-puissante, doit nécessairement être plus active que la raison des mortels.

J'appelle lois naturelles, celles dont je viens de parler, et il ne faut envisager les bonnes lois positives, que comme des cas particuliers réglés d'après la loi naturelle. C'est la raison qui, s'appliquant à un tel cas, à une telle circonstance, à une telle constitution de gouvernement, rend les lois positives nécessairement différentes d'un pays à l'autre : mais la plus grande différence entre ces lois positives, résulte des erreurs de ces lois ou de leur injustice ; car, en dernière analyse, les lois positives, justes et convenables, sont toutes uniformes, en ce qu'elles se rapportent à une règle commune, qui est la raison. Il s'ensuit de-là que, pour mieux s'assurer de l'utilité et de l'infaillibilité d'une loi humaine, il faut admettre pour principe que, plus les lois positives rentreront dans la classe des lois naturelles, ou se rapprocheront d'elles, plus elles seront parfaites. Entre une source de vérité et une source d'erreur, il est évident que, plus on se rapproche de la première en s'éloignant de l'autre, plus on tend à la perfection.

C'est comme si nous disions : Moins il y aura de lois positives inventées par l'homme, et qui décèlent leur inventeur, plus le code

sera parfait ; moins il y aura de lois positives ;
meilleure sera la forme du gouvernement reçu , que ces lois indiquent. Je le dis à regret ;
mais c'est la vérité : il est cruel de voir tant
de lois , même dans les pays où la forme
principale du gouvernement est la meilleure.
Je ne connois pas de meilleure forme de gouvernement que la monarchie telle que je l'envisage. La multiplicité excessive des lois y
est d'autant plus funeste , qu'elle s'assortit
moins avec une forme de gouvernement qui
n'exigeroit qu'un code uniforme et simple.

L'Être-Suprême est le seul vrai législateur.
En douant l'homme de raison et de sensibilité , il a gravé dans son ame les lois morales qu'il doit suivre , et les lois sociales
que les chefs d'une nation doivent faire exécuter : il suffit de puiser ces lois dans le cœur
et la raison de l'homme. Mais il faut étudier
cette raison , en se méfiant de tout ce qui est
purement d'invention humaine ; car ce qui
est purement d'invention humaine , est mauvais en morale comme en législation. Toutes
les fois qu'on s'écartera d'une semblable règle ,
la législation et la jurisprudence ne seront que
des monstres dangereux.

Croit-on de bonne foi qu'avant qu'on eût
inventé l'art d'écrire sa pensée , avant qu'aucun alphabet eût été inventé , il n'y avoit

point de lois ? Peut-on concevoir qu'avant l'usage de l'écriture, les hommes réunis en société ne suivoient aucune loi ? Puisque la loi n'est que l'expression des rapports de la société, se figurer une société sans lois, seroit se figurer un édifice qui n'a point de fondemens. Dès qu'on a su écrire, les chefs des nations ont eu la facilité de multiplier les lois. Long-temps, je l'ai dit ailleurs, ils se sont bien gardés d'abuser de cette facilité : mais maintenant l'abus de l'écriture pour les lois et leurs commentaires est parvenu à son comble. La nécessité de revenir aux simples élémens de la jurisprudence n'en devient que plus urgente.

Lorsque le corps humain a été long-temps tourmenté par l'excès des alimens trop recherchés et indigestes, rien ne le ramène à l'état de santé, si ce n'est un régime simple, où les alimens les plus simples lui sont sobrement menagés. Cette comparaison s'applique parfaitement aux peuples long-temps vexés par une législation compliquée : car la morale peut s'aider continuellement des comparaisons puisées dans la physique, puisqu'il règne un accord merveilleux entre le monde moral et le monde physique, entre les vérités physiques et les vérités morales. Ce n'est point envain que nous sommes sans cesse entourés d'objets qui sont presque tous propres à être comparés ensemble. Cette multitude de comparaisons qui nous est offerte, nous rappelle sans cesse vers quelque but uniforme, dont la Divinité semble nous avertir continuellement de ne pas nous écarter.

Les lois propres à régir les hommes en société existent dans leur cœur, dans leur raison : elles sont tracées par la Divinité ; elles sont immortelles. Il ne s'agit que de rédiger par écrit ces lois immuables, sans les altérer, pour que ce dépôt précieux, recueilli par une raison calme, ne soit point oublié, qu'il serve à prévenir les erreurs de nos sens ou d'une raison égarée : il ne s'agit que d'effacer d'innombrables rédactions, qui, en différant entre elles, semblent avoir été faites chacune pour une espèce d'êtres dissemblables entre eux : il ne s'agit que de montrer en quoi ces dissemblances sont absurdes, en quoi elles peuvent avoir lieu ; et il faut sur-tout être persuadé que rien n'est indifférent en matière de législation ; que ce qui est vrai dans un lieu, est vrai dans tous les pays de la terre, s'il n'y a des motifs évidens pour modifier cette vérité dans un pays, et différemment dans un autre.

Quoi ! ce qui est vertu au pôle arctique, sera vertu au pôle antarctique : il sera vrai chez nous, comme aux antipodes, qu'il n'y a point de société civile sans le maintien de la propriété et de la liberté des personnes ; et il ne sera pas également vrai par-tout, qu'une puissance paternelle modérée produise des bons effets, qu'une juste division de l'héritage entre les enfans d'un même père doive se rapporter, 1.º à l'égalité naturelle qui règne entre tous les hommes, 2.º à certains avantages d'une famille, qui dépendent d'une certaine inégalité des portions d'héritage, 3.º à la juste extension des pouvoirs d'un chef de famille, comme à la juste extension des droits de propriété !

Que toutes les nations s'assemblent séparément, et sous les auspices d'un chef bienfaisant députent des élus de confiance dans un lieu de réunion, où, au nom de l'humanité, au nom de la raison universelle, elles réclament contre l'énormité des fautes de certains législateurs, et contre les maux qui s'en ensuivent, nuisibles à tant de millions d'hommes. Que là elles reconnoissent, que les véritables lois existent par-tout dans leur pureté, dans leur intégrité, excepté dans les codes écrits. Qu'elles sentent que ces véritables lois sont les mêmes par-tout. Car, quoique la position des peuples, la différence des mœurs exigent des lois positives particulières, ces lois positives devroient plutôt être appelées

A 4

règlemens nationaux ou provinciaux. Ces règlemens ne doivent nullement s'emparer de
la matière des lois universelles, et le nom de
lois devroit être réservé à ces règles inaltérables qui sont émanées de la Divinité, et ont
été transmises à la raison de l'homme.

Dès que les nations seront reportées vers
d'antiques vérités trop oubliées, dès que les
lumières d'une saine philosophie auront été
assez généralement répandues, les états civilisés tendront, non-seulement par la nature
des choses, mais encore par le vœu général,
au gouvernement monarchique, pourvu qu'ils
ayent devant leurs yeux la preuve des grands
avantages qu'un tel gouvernement procure à
la nation, en se réglant par des lois fondamentales qui soient inaltérables.

Traçons l'idée de la monarchie la plus
parfaite qu'on ait imaginée jusqu'à présent :
outre les règles de justice distributive communes à tous les citoyens, outre des lois
criminelles qui n'épouvantent et ne détruisent
que les méchans, il faut, 1°. que chaque famille soit dirigée par certaines règles fixes
pour son plus grand bien ; 2°. que les communautés d'habitans de chaque lieu, représentées
par des conseillers choisis librement, pourvoient à l'intérêt public de chacune d'elles ;
3°. que ces communautés, députant leurs

représentans à des assemblées de district , on puisse délibérer et obtenir l'exécution dans ces assemblées de tout ce qui intéresse les districts ; 4°. que des députés représentans ces districts , forment une assemblée provinciale (1) , qui soit le foyer où viennent s'épurer toutes les questions sur la chose publique d'une province ; enfin que les états-généraux, qui ne peuvent véritablement représenter la nation , qu'en tant que les suffrages dont ils sont composés sortent du sein de chaque assemblée provinciale , en proportion de l'étendue territoriale , de la richesse et de la population de chaque province, que les états-généraux , dis-je , soient assemblés à certaines époques sous les yeux du monarque dont l'unité de pouvoir est nécessaire , en étant réglé sur des lois fondamentales reconnues et sanctionnées du consentement de ces états-généraux.

Par cette gradation naturelle tout le bien que les peuples peuvent recevoir du gouvernement aura lieu : l'état montera à son plus haut période de force et de splendeur. Le prince qui gouvernera un état dont le système politique intérieur se trouvera ainsi combiné, sera le plus puissant, le plus aimé, le plus heureux de tous les rois.

____

(1) Ou des états provinciaux.

Il ne faut sur tout le globe qu'un seul exemple d'une monarchie ainsi tempérée , pour
entraîner sur ses traces une foule d'autres
peuples , où les états-généraux n'ont point eu
encore lieu , et où les assemblées provinciales
sont méconnues , ou bien n'ont qu'une forme
défectueuse.

Le beau spectacle qu'offrent des états-généraux représentans véritablement la nation ,
composés de l'élite de la nation , présidés par
le monarque ! (*) Quelle assemblée plus auguste que celle où l'on pourvoit au bonheur de
plusieurs millions d'hommes! C'est-là où les
lois générales et constitutionnelles reçoivent
leur dernière sanction expresse : elles ne
peuvent la recevoir ailleurs.

Je n'examine point si une nation a acquis
particuliérement , par ses conventions avec
le prince qui la gouverne , le droit de consentir les lois générales : ce droit , qui fait l'essence des républiques , appartient encore naturellement , et dans le sens qui sera ci-après

---

(*) On verra , dans le cours de cet ouvrage , que
le meilleur choix des députés , qui offre la plus véritable représentation nationale qui soit possible ,
ne peut guères avoir lieu qu'en des temps calmes ,
et que le corps de ces députés ne doit jamais enta-
mer la souveraineté du Prince , soit qu'il les préside ou non.

expliqué, à tous les peuples soumis au pouvoir monarchique ; et tout autre gouvernement
ne supposant point une soumission volontaire
à la puissance publique, est par cela seul
monstrueux.

C'est dans ces assemblées qu'on est irrésis-
tiblement ramené aux lois saintes, universelles et immuables, que la Divinité a gravées dans tous les cœurs : c'est-là où on peut
dire que la voix du peuple est la voix de Dieu :
c'est-là où l'on se garde bien de sanctionner
des lois contraires à la raison, à l'équité, et
où on se tient constamment aux lois naturelles où à celles qui en dérivent. Disons plutôt : Les lois naturelles ont leur sanction par
elles-mêmes, indépendamment de toute assemblée nationale : mais, dans une assemblée
nationale, la force de ces lois naturelles se
fait sentir avec plus d'empire. L'égoïsme ou
le délire de quelques hommes puissans est ré-
primé dans ces assemblées imposantes, et
n'y peut forger des réglemens nuisibles à la
multitude, contraires à la raison publique.
C'est donc là qu'une législation utile doit se
manifester aux yeux de tous, plaire et paroître
convenable à tous, pour être sue de tous, et
volontiers suivie par tous. Ce n'est que dans
une assemblée qui représente, pour ainsi dire,
l'humanité, que les droits de l'humanité sont

toujours révérés , que les ruses d'un petit
nombre funestes à la multitude sont impuissantes, et que la multitude n'est point sacrifiée
au petit nombre. (*)

Lorsque Moïse , Zoroastre et Confucius
ont dicté des lois que l'injure des temps et
les révolutions n'ont pu altérer , ils n'ont fait
que développer les préceptes qui se trouvoient
gravés au fond du cœur de tous les hommes
vertueux : ils n'ont fait que réveiller ces idées
naturelles dans le fond du cœur , même des
hommes qui avoient oublié la vertu. Lorsque
de puissans empereurs ont rédigé des codes
qui blessoient la raison publique , ces lois
sont tombées d'elles-mêmes, et tout le ciment
dont une puissance redoutable les avoit revê-

(*) Les malheurs de la révolution française ici
prévus , causés par les écarts violens des assemblées
représentatives doivent être imputés , sur-tout à ce
que la convocation de la première avoit été inopor-
tune , dans un moment où l'on n'avoit plutôt besoin de l'exercice d'une espèce de dictature , en se
pressant néanmoins d'accorder ce que le vœu général de la nation réclamoit. (Voyez le chap. V.) Il
y eut aussi une grande faute à ne pas avoir obvié à
l'infraction des mandats. Une fois qu'on avoit pu
impunément se rendre coupable d'une telle infraction , la France se trouvoit exposée à devenir la
proie des hommes les plus pervers. La souveraineté
du monarque fut envahie , et tout fut perdu.

tues n'a servi de rien. Il n'y a de véritables lois, de lois utiles et durables , que celles qui existent indépendamment de leur rédaction par un législateur mortel , et indépendamment de la puissance particulière qui les promulgue et en soutient l'exécution.

Soit que l'on considère la puissance souveraine comme une émanation directe du contrat social , par lequel cette puissance a été confiée à un seul ou à plusieurs , pour le plus grand bien du peuple : soit que l'on considère cette puissance acquise par des circonstances indépendantes de la nation , comme ayant été ensuite ratifiée , raffermie par le consentement du peuple ; toujours est-il vrai que cette puissance qui anime , qui vivifie tout , qui maintient l'ordre , doit être disposée de manière à jeter ses regards par-tout , et à répandre par-tout des lumières utiles. C'est ainsi que dans la nature le même astre qui féconde la terre et y fait circuler les sucs de la végétation , répand à la fois la lumière sur tous les points de l'hémisphère , pour que ses habitans animés puissent voir et choisir ce qui leur convient dans les productions, que les mêmes rayons échauffent et éclairent.

Prenons une idée du monarque sous la comparaison précédente , comparaison que d'autres ont déjà appliquée à la puissance de

l'orateur , et qui est ici plus utilement applicable. Tous les rayons de lumière , qui cou-
vrent la surface du globe, aboutissent, comme
à leur point central , à cet astre brillant , qui
est le monarque du monde physique ; de même ,
le monarque d'une nation doit recevoir de
tous les points de sa domination , les rayons
de lumière qui éclairent la raison de chacun
de ses sujets. La constitution monarchique
ne sera parfaite , qu'en tant que les lumières
partant du trône , et frappant de leur brillante clarté tout le domaine monarchique ;
rien n'empêchera leur réaction , leur réver-
sion au trône , comme au centre où elles
doivent se réunir. Mais si d'épaisses exha-
laisons ont obscurci et rendu le ciel nébu-
leux , l'astre dominant , pour épurer ces ex-
halaisons , en extraira la foudre , qui , en
grondant , ne doit point épouvanter l'homme
vertueux ; et si elle frappe quelque individu ,
c'est comme par hasard et contre l'intention
de la nature ; car la détonation de la matière électrique a pour objet direct de dissoudre les nuages pour la fécondité de la
terre , de rendre l'air plus pur , et ce grand
signal annonce le retour des jours sereins.
L'orage ranime la verdure et ressuscite la végétation ; mais par lui quelques rochers sté-
riles mal assis sur le sommet des montagnes ,

sont entraînés avec fracas, et précipités au fond des vallons.

Sous ce point de vue, que les monarques, dont la puissance paroît si terrible, prennent, s'il leur plaît, le soleil pour devise, mais à condition qu'ils seront vus par tous leurs sujets, ou, pour mieux dire, qu'il y aura entre eux et leurs sujets toute la communication possible, à condition principalement que tout le pouvoir du monarque ne sera que bienfaisance.

Mais, j'ai peut-être trop insisté sur cette comparaison, au-dessus de laquelle les princes bienfaisans peuvent encore s'élever; car il leur appartient de se rapprocher de la Divinité, en suppléant par des moyens humains à remplir l'immense distance que leur qualité d'hommes met entre eux et la Divinité. Qu'ils ayent toujours pour règle sommaire, qu'il n'y a de véritables et d'utiles lois religieuses, politiques, morales, civiles et criminelles, que celles qui rapprochent le plus de la Divinité, soit le législateur, soit les sujets soumis à la législation, sous les limites que la place de chacun leur assigne. Qu'ils n'oublient pas que toutes les parties de la législation doivent offrir un ensemble régulier, et se cimenter les unes par les autres. Qu'ils s'entourent, qu'ils s'arment d'un nombre de véri-

tés qui émanent de la raison suprême , qui paroissent appartenir plus particulièrement aux
princes de la terre , et par cela seul sont des
vérités d'un ordre plus relevé que celles qui
suffisent à la conduite ordinaire d'un simple
citoyen ; qu'ils comprennent que plus une
machine soit politique , soit mécanique , est
simplifiée , plus elle est parfaite ; qu'ils cherchent à imiter les modèles que leur fournissent les ouvrages de l'Être-Suprême , et ils
ne seront jamais trompés.

Rien n'est inutile dans les productions du
créateur, qui sont le modèle de toute perfection : par conséquent l'homme ne doit rien
admettre de superflu dans ce qu'il veut sagement composer ; car il résulte de plus mauvais effets de ce qui est superflu , que de
l'oubli des objets utiles. Cela est encore plus
vrai dans les règles politiques , morales et civiles , que dans les ouvrages matériels. Les
lois naturelles , gravées dans tous les cœurs,
suppléent au silence de l'homme législateur :
au contraire , toutes les lois superflues sont
funestes, quoiqu'elles ne paroissent point
vicieuses au premier coup - d'œil. Plus on
cherche à prévoir dans le détail la généralité
des cas particuliers , moins on les prévoit
réellement. La raison en est , que le nombre
des cas particuliers est illimité , tandis que

les

les lois les plus multipliées ont nécessairement
des bornes. Régler l'infini par le fini , est une
chimère ; et si on tente de réaliser cette chimère , on est forcé honteusement à reconnoître qu'on a directement contrarié le but
où l'on vouloit atteindre. Dans ce cas , ne
pourroit-on pas dire , que c'est l'infini qui
se joue du fini ?

Il importe grandement de répandre et de
démontrer aux yeux des citoyens lettrés , les
mêmes vérités dont les chefs d'une nation ont
à faire usage , puisque l'intérêt de la nation
exige qu'on ne s'écarte point de ces vérités , et
puisqu'il est vrai que la nation doit concourir,
par ses représentans , à la dernière sanction
expresse des lois générales. Le ministère d'un
écrivain , qui ose se charger de développer
d'aussi grands objets , est sans doute périlleux ; mais parce qu'il est périlleux , faut-il
le négliger ? Ne vaudroit-il pas mieux , au
contraire , qu'une nation qui songe à s'assembler en corps , pour discuter de grands intérêts , encourageât , par beaucoup d'indulgence , tous les écrits conçus dans une intention
louable ? N'est-ce pas en approfondissant les
discussions qu'on les éclaire ? N'est-ce pas du
choc des opinions que jaillit la vérité ?

Comptant sur cette indulgence, et plus dé-
sireux de contribuer au bien public , que

B

d'obtenir de frivoles éloges, je soumettrai aux lecteurs que le seul amour du bien public domine, le fruit d'un travail commencé en France bien avant qu'il y fût question d'assembler les états-généraux, sous le règne de Louis XVI.

Tandis qu'une foule d'écrivains éclairent la nation française sur les formes propres à la convocation de ses états-généraux, sur les droits que ces états ont exercés et peuvent exercer encore, relativement aux impôts et à quelques autres points essentiels de l'administration, ce qui forme une thèse particulière, j'embrasserai une thèse générale touchant la rédaction des lois : l'une pourra confirmer l'autre.

Laissant en arrière les discussions qui peuvent retarder l'arrivée des véritables représentans d'une nation dans le lieu où leur souverain veut les convoquer, je vais pour m'exprimer ainsi, prendre les devants, et attendre ces représentans vers le lieu de leur réunion, pour leur dire : Voici une esquisse de tout ce que vous pouvez faire d'utile et qui seroit même utile dans la plupart des monarchies d'Europe : vous voulez que rien n'échappe à votre zèle pour la prospérité publique; mais des détails immenses, accrus par la faute des précédens législateurs, vous échapperont cer-

tainement. Agréez ce foible essai où ; en développant , en analysant les idées principales
qui doivent régler la réforme de ces détails ,
j'ai tâché de rendre cette réforme facile. C'é-
toit une époque réservée à un siècle éclairé ,
qu'une nation , par ses représentans, pût s'é-
lever , autant que la nature des choses le permet (*) , à toutes les hauteurs qu'occupe une
puissance législative , guidée par la raison humaine ; mais il est des points de réforme nécessaires , où les difficultés sembleront sur-
passer la portée des lumières généralement
répandues : que ces difficultés ne vous décou-
ragent point. La raison de chaque homme vertueux contient déjà toutes les lois utiles et
nécessaires. Si vous n'avez pas assez de facultés pour restaurer la statue mutilée de Thémis , vous avez , ce qui vaut mieux , tous les
moyens pour la refondre et la former de nouveau dans ses majestueuses proportions : ce

______

(*) Dans le préambule d'un écrit publié en 1789,
il étoit convenant d'user d'un peu de flatterie , envers des représentans , dont les lumières devoient
tant servir à l'amélioration de la chose publique ;
l'auteur n'a pu ensuite se dissimuler que par la nature d'une assemblée nombreuse, elle ne peut s'é-
lever à la hauteur de la législation que par l'expression de son vœu , ou l'énergie de ses représen-
tations.

que vous ne pourrez polir et corriger, il vous est permis de le régénérer. Au moins vous semerez des germes qui feront éclorre un meilleur ordre, et vous pourvoirez à ce que des oiseaux voraces ne viennent enlever ces germes, ou empêcher leur développement.

Quelqu'assuré que je sois de n'avoir voulu suivre, en écrivant cet ouvrage, que la voix de ma conscience et de la vérité, je ne dois point m'adresser à ceux qui ne sauroient m'écouter : je ne cherche donc point à raisonner avec des juristes qui, se laissant captiver par leur intérêt personnel, vanteroient une jurisprudence défectueuse et compliquée dont ils ont fait une étude pénible, ou dont la prolongation leur seroit lucrative. Je ne parle point non plus pour les états-généraux qui seroient principalement composés d'hommes prépotens dont les intérêts sont contraires à ceux de la nation : ces sortes d'assemblées ne méritent pas le nom d'états-généraux ; elles n'offrent qu'un champ tumultueux où l'aristocratie forge des chaînes pesantes sur l'agriculteur et l'artisan ; mais je serois flatté d'avoir pu développer quelques idées vraies et utiles à une nation assemblée. Si j'ai cet avantage, je le devrai à ce concours de lumières que la philosophie a maintenant répandues dans l'Europe ; mais je le devrai peut-être encore plus à des raisonnemens de l'antique philosophie qui m'ont toujours subjugué.

En méditant sur les œuvres morales des divers philosophes , il m'a paru que le meilleur procédé , pour s'instruire utilement , étoit de laisser de côté tous les systêmes de morale ou de législation appartenant à quelque auteur en particulier ; il m'a paru qu'il falloit recueillir les vérités évidentes qu'on avoit reconnues çà et là , en former un corps , et y ajouter , si l'on pouvoit , d'autres vérités qui ne fussent que des conséquences nécessaires des premières. De-là il résulte que le meilleur systême de morale ou de législation ne peut appartenir à aucun homme : il est dans la nature des choses ; il s'agit seulement , pour l'homme de lettres qui rédige ce systême par écrit , de n'y rien mêler qui soit précisément à lui. J'entends néanmoins qu'il indique , dans ses écrits , les motifs par lesquels il a cru devoir classer telle idée à côté de telle autre. Ce travail lui appartient comme l'usage de sa raison ; et par la convenance des idées qu'il a rapprochées , on juge s'il a suffisamment réfléchi les matières dont il s'est occupé.

Il m'a semblé que dans des matières abstraites comme celles de législation , ce n'est qu'après avoir analysé un grand nombre de discus-

sions que cette science envisage , après s'être
emparé des plus clairs résultats de ces sortes
d'analyses , qu'on pouvoit produire un ensemble imposant de règles utiles , et dont toutes
les parties se soutiennent mutuellement.

Il m'a semblé qu'il y avoit encore beaucoup à réfléchir dans la métaphysique : les
champs que cette science offre à parcourir
sont infinis ; et quoique la pensée franchisse
rapidement et méprise toutes les distances ,
elle ne sauroit franchir les distances infinies ,
et n'arriveroit jamais jusqu'à l'Etre-Suprême,
s'il ne se rendoit lui-même présent par-tout.
Ce qui tombe sous nos sens est plus facile à
saisir. La physique , dont tous les animaux
peuvent connoître du moins une partie des
effets , a offert une vaste science à l'homme,
et de cette science est née la métaphysique
réservée à l'homme. La partie transcendante
de la métaphysique est pourtant réservée à la
Divinité. L'homme qui prétend s'y élever à
des hauteurs sublimes , s'égare : mais la
moindre observation qu'il y fait , et qui est
propre à régler quelque point d'utilité dans
le gouvernement des nations , est une conquête
de plus grande importance qu'aucune décou-
verte physique. Les vérités métaphysiques
sont le fruit des voyages de l'ame. Telle de
ces vérités , quoique simple , ne peut être

rapportée que d'un voyage de long cours. Démontrer ces vérités d'un ordre relevé au public lecteur, c'est, pour ainsi dire, les tra-
duire en langue vulgaire. Il n'appartient qu'à
l'élite d'une nation de les bien comprendre ;
mais la multitude, moins éclairée, en peut
recevoir la communication, non par son intelligence trop peu exercée, mais par le sentiment qui supplée à l'intelligence. Les grandes
vérités ont cette propriété sublime d'affecter
le sentiment, avant qu'elles aient eu le temps
ou les moyens de convaincre l'intelligence,

DE LA RÉDACTION

DES LOIS

DANS LES MONARCHIES,

CHAPITRE PREMIER.

De l'unité qui doit régner dans toute législation.

En commençant un ouvrage où chaque
proposition doit frapper de son évidence la
raison du lecteur, il est nécessaire d'établir,
ou plutôt de rappeler d'anciennes vérités, qui,
plus elles sont généralement admises, plus
elles forment une base solide pour asseoir des
conséquences qu'il est utile d'adopter : en
m'appuyant sur ces vérités fondamentales,
j'irai avec plus d'assurance vers le but où je

veux atteindre. Que le lecteur ne se rebute
donc point, si dans ce premier chapitre je
lui remets devant les yeux des idées qu'il a
déjà : peut-être serviront-elles à lui faire embrasser d'autres idées qu'il n'a point encore,
ou qu'il hésite à admettre.

Ce qui n'existe dans la nature que pour un
temps limité, est la copie ou une portion de
ce qui a existé de toute éternité, de ce qui
existera sans fin. L'ordre physique qui paroît spécialement dévoué aux variations
qui détruisent les formes de la matière,
pour la réduire en d'autres formes ou en
ressusciter de semblables ; l'ordre physique
frappé, pour ainsi dire, de l'anathème
du dépérissement, portant sans cesse des
marques de la cessation d'existence de chaque objet qu'il contient ; l'ordre physique,
dis-je, n'est, à part les destructions qui
le caractérisent, que la copie de l'ordre
moral, éternel, immutable : de même
que le temps offre une parcelle de l'éternité, l'ordre physique n'est qu'une parcelle
de l'ordre moral ; mais l'ordre moral qu'offre-
t-il à notre intelligence, si ce n'est quelques
rapports abstraits, avec l'ordre physique soumis à nos sens ? A quelle hauteur ne faut-il
pas s'élever pour contempler cet ordre moral ?
Notre intelligence, s'exaltant au-dessus de la

matière , semble n'errer que dans les champs
vuides ou chimériques de l'imagination ; sa-
chons la contenir dans le centre des vérités
où il nous est permis d'atteindre.

S'il falloit prouver qu'il n'y a qu'un seul
Dieu créateur, conservateur de tout l'univers ,
cette preuve résulteroit à nos yeux , comme
elle a résulté aux yeux des plus sages philosophes , qui ne consultant que leur raison , ont
attentivement considéré les objets dont ils
étoient entourés ; ils ont vu que tout , dans
la nature , se rapporte à un centre d'unité ;
d'où ils ont inféré que le Créateur étoit une
puissance unique ; ils ont jugé de l'infinité
de cette puissance , par l'infinité des objets
de sa création ; ils ont jugé de sa suprême
intelligence , par les ressorts admirables qui
régissoient l'univers dans toutes ses parties :
enfin , ils ont pris une idée de l'immense
grandeur de l'ouvrier , par l'admiration qu'ils
ont conçue , en examinant , autant qu'ils le
pouvoient , ses divers ouvrages. Qu'auroit été
une création , dont tous les composés n'auroient pas eu leurs rapports avec le Créateur?
Quel ordre auroit-il pu mettre dans cette
création , si , ne conservant point le fil des
rapports des êtres créés entr'eux , ou de leurs
rapports avec lui , il n'avoït su cimenter,
entretenir les différentes proportions , les

mouvemens nécessaires pour la durée, pour l'emploi qu'il destinoit à chaque objet créé? L'univers seroit bientôt dissous, si une seule volonté ne le régissoit point. Si cette volonté unique ne dominoit tous les êtres, ces êtres pourroient n'avoir et n'auroient nulle relation entr'eux : se heurtant sans cesse, ils n'offriroient réciproquement qu'un moyen de destruction, et cette destruction auroit lieu là, où il seroit contre toute convenance qu'elle arrivât : au contraire, les destructions partielles, qui ont lieu sur le globe, sont liées à un système suivi et parfaitement combiné par une profonde sagesse.

Ce n'est point inutilement que nous envisageons ici le centre d'unité qui règne dans le monde physique et moral. L'application des lois générales qui règnent dans l'univers, doit se faire aux moyens par lesquels il convient de régir une nation particulière.

Quelles sont ces lois générales ? Cherchons à les reconnoître, autant qu'il est possible, en ce que cet ordre a d'analogue avec l'ordre physique. Toutes les grandes vérités, toutes les convenances que la raison d'un être intelligent peut concevoir, composent l'ordre moral ; bien plus la marche que suivent les sentimens ou sensations d'un être qui réunit la raison à la sensibilité, fait partie de cet ordre moral.

Peu nous importe d'y comprendre ou d'en exclure les sensations des animaux les mieux organisés par lesquelles, jusques dans certaines plantes, le Créateur a voulu graduer les différens genres de sensibilité dont il pouvoit douer différens êtres, en montrant ainsi que rien ne borne sa puissance : peu importe également d'examiner comment les vérités abstraites nous sont parvenues d'après la combinaison des idées acquises par les sens. Il étoit tout simple qu'un être sensible, créé au sein de la matière, eût des organes matériels par lesquels ses sens fussent affectés, et que par cette entremise physique, il pût obtenir des connoissances morales en développant sa raison ; mais il faut bien distinguer cette matière, ou les organes qui en sont composés, pour transmettre diverses sensations à un être capable de les recevoir, d'avec la sensibilité de cet être, d'avec les idées que cette sensibilité lui procure, d'avec la raison qui lui fait combiner ces idées : ce n'est qu'en saisissant bien cette distinction, qui semble nous échapper, parce qu'elle est le premier pas que notre intelligence fait hors de la matière ; ce n'est, dis-je, qu'en saisissant cette distinction, qu'on admettra une classe d'êtres spirituels à part des êtres matériels.

Ainsi l'homme a pu reconnoître sa plus

grande noblesse : il a senti qu'il avoit une
ame ; il s'est rapproché de la Divinité , en sé-
parant son ame de la matière , à l'imitation
de l'Etre Spirituel et Suprême qui en est sé-
paré : il a senti que son ame , substance spirituelle créée , avoit , pour premier rapport
avec la substance spirituelle incréée et créa-
trice , le sentiment de respect, de reconnoissance et d'amour.

Les hommes se voyant en nombre, et de la
même espèce des êtres créés qui ont une ame
sensible et raisonnable unie à un corps péris-
sable , ont conçu le lien de fraternité et de
bienveillance qui devoit régner entre créatures
sensibles de la même espèce. L'amour pour
ses semblables , l'amour de la société, la com-
passion , la bienfaisance se sont trouvées au
fond du cœur de l'homme ; et l'exercice de
ces vertus , qui sont plutôt des qualités , lui
a paru justement un tribut qu'il devoit rendre
au Père commun : car ce Créateur , ce Père
commun, montrant d'ailleurs son amour pour
ses créatures sensibles et intelligentes par tant
de bienfaits et d'espérances , dont il les avoit
entourées , leur a fait comprendre que si ,
entr'elles , elles ne s'aimoient , ne s'aidoient,
ne se soutenoient , ne se consoloient , l'amour
du Père commun en seroit blessé.

Nous voilà parvenus, par des raisonnemens

simples , à poser les fondemens de la morale privée , de la jurisprudence , et même du gouvernement politique des nations. Amour et culte envers la Divinité , amour du prochain , où sont compris les devoirs plus particuliers des princes , des sujets , des pères , des enfans et des diverses classes de citoyens. On a toujours connu ces deux fondemens : nous serions bien fâchés de ne les découvrir qu'à présent ; ils sont trop vrais pour qu'on ne les ait pas reconnus depuis que les hommes ont commencé d'exister : mais on ne sauroit trop répéter ces simples , ces grandes vérités.

Dans ces deux principes de toute bonne morale , on voit l'unité d'où ils découlent principalement : ils se rapportent et doivent se rapporter à l'Etre-Suprême , à cette source première de tout ce qui existe matériellement, ou spirituellement. Ce centre universel d'unité , en étendant ses rapports , laisse par-tout des empreintes de ce qu'une certaine unité doit tout attirer à soi. Dans les pensées et leurs combinaisons , dans les raisonnemens et leurs développemens , tout se rapporte à quelque idée principale ; et ces idées principales ou mères , étant examinées en dernière analyse , ont un rapport direct avec quelqu'une des perfections de la Divinité : justice , ordre admirable , puissance , bonté. Les idées qui aboutissent aux contraires de ces perfections, confirment les précédentes et n'en sont que l'inverse ; elles vont donc toutes se confondre dans un centre d'unité.

En physique , la même loi générale d'unité se manifeste. Les naturalistes ont compris que les élémens, servant de matière à une infinité d'objets variés , se réduisoient à un petit nombre : encore ce petit nombre d'élémens , ils ont cru devoir le réduire à un seul élément, principe de tout. Le mouvement qui agite la matière en tant de sens différens, et forme les productions tellement riches et variées de la nature, a une règle générale : ensuite chaque classe de productions ou d'effets a une règle générale qui régit uniformément toutes les espèces de la même classe ; et ce beau total physique , présentant un ordre merveilleux , rapporte son hommage , à un créateur , à un moteur , à un conservateur unique, à ce même dominateur de l'ordre moral , où toutes les convenances sont observées comme dans l'ordre physique. L'ensemble admirable , la réciproque analogie qu'offrent la physique et la morale , manifestent un système dont toutes les parties ont été nécessairement conçues par une intelligence unique et suprême.

De même qu'en physique, le mélange d'une

liqueur aigre ou amère aigrit, altère, dé-
prave la masse d'une liqueur douce ; de même
chaque erreur en morale et en législation,
dégrade, aigrit la condition de tous ceux qui
suivent cette morale ou cette législation.

Résumons de ce qui vient d'être dit, quelque grande vérité qui serve de base, et pour
ainsi dire, de centre d'unité à tout ce que
nous devons dire touchant les lois.

« Une grande vérité conduit aux vérités de
» détail : ce qui est bon en soi, amène une
» foule d'autres biens ; une grande erreur en
» entraîne mille autres, et occasionne mille
» embarras et mille maux. » Ces propositions
se réduisent à une seule ; savoir : « *Tout ce*
» *qui est bon et vrai, conduit à une mul-*
» *titude de vérités et de biens ; et au con-*
» *traire, etc.* »

Ajoutons une autre vérité importante qui
nous conduit plus directement au but de cet
ouvrage, et désigne comment, sous quelle
forme propre, tous les biens découlent de
leur origine naturelle.

« On ne peut appeler *ordre* que ce qui forme
» un ensemble régulier où règne un principe
» d'unité : ce principe d'unité exige que les
» règles générales qui en forment le dévelop-
» pement s'appliquent par-tout où elles peu-
» vent s'appliquer. Les règles moins générales

qui

» qui sont le développement des précédentes,
» *doivent ne s'introduire et n'être différentes en-*
» *tre elles, qu'en tant que la perfection de ce*
» *développement l'exige.* »

Telle est la marche du systême admirable de la création, qui ne doit point être mis en vain sous nos yeux : telle est la première régle de toute législation humaine, dont les bases ne peuvent s'affermir, qu'en tant que l'homme législateur se rapproche des beaux modèles que la Divinité offre à ses regards.

Sit quodvis simplex dumtaxat et unum.

Mais il y a cette grande différence entre le souverain législateur et les puissances humaines qui rédigent des lois, savoir ; que l'Etre-Suprême a pu créer, et a créé chaque objet, de manière à le rendre propre à subir les lois par lesquelles il vouloit qu'il fût régi : tandis que l'homme législateur ne crée point les affections ou les sentimens du cœur de ses sujets. Il est obligé d'étudier leurs dispositions naturelles telles qu'elles sont, et d'y conformer sa législation. Il ne dépend pas de lui d'inventer proprement des lois : elles sortent, pour ainsi parler, du fond de la chose; elles sont naturellement indiquées par les rapports des hommes entre eux.

C

On comprendra dans la suite de cet ouvrage pourquoi j'ai dû remonter au premier principe, avant de discuter certaines questions sur lesquelles les politiques sont encore partagés, ou du moins sur lesquelles il leur reste encore quelque incertitude ; on verra quelle force d'évidence mes résultats pourront acquérir, lorsque je m'aiderai des vérités premières de la métaphysique ; on verra jusqu'à quel point ces vérités reçoivent sans cesse leur confirmation, lorsqu'on examine les bons ou mauvais effets de la législation ; on jugera enfin que ces vérités sont les bases nécessaires sur lesquelles doit être assise la théorie de la rédaction des lois.

CHAPITRE II.

De la meilleure forme de gouvernement qu'il est nécessaire d'admettre pour obtenir la meilleure législation.

JE ne m'arrêterai pas long-temps sur des maximes qui sont en même temps de morale et de législation, et qui, pour être générales, peuvent paroître un peu vagues : je n'y reviendrai, et n'en établirai d'autres, qu'à mesure que l'édifice que j'entreprends d'élever exigera de nouveaux points d'appui. Je vais maintenant droit au but de mon ouvrage ; et comme la meilleure rédaction des lois suppose nécessairement la meilleure forme de gouvernement ; comme aussi les lois politiques et civiles doivent être parfaitement d'accord, j'examinerai quelle est cette meilleure forme de gouvernement.

En morale comme en physique, nous rencontrons sans cesse des questions sinon inexplicables, du moins dont nous ne trouvons qu'une demie explication : nous y rencontrons des mystères qui ne sont compris qu'autant qu'il en faut pour nous inspirer du respect pour l'œuvre divine, ou bien pour humilier notre raison. N'est-ce pas un mystère, que d'un côté l'homme, par sa liberté naturelle, et par l'égalité qui est entre lui et tous les autres hommes, ne doive dépendre d'aucun de ses semblables, ne dépendre que de l'Etre-Suprême, et que cependant les sociétés, les familles même, ne puissent exister sans une certaine subordination ? Du moins les bornes où cette dépendance nécessaire vient annuller une indépendance naturelle, sont-elles bien clairement connues ? N'est-ce pas un mystère, que la puissance souveraine doive nécessairement résider dans les mains d'un seul, ou, si l'on veut, de plusieurs chefs de nation, et que dans tous les cas l'espèce de gouvernement adopté, expose les sujets à quelque abus du pouvoir ? Si cet arrangement est l'œuvre d'une providence infaillible, comment certains inconvéniens sont-ils nécessairement attachés à sa suite ?

L'homme est de sa nature sujet à l'erreur; ses erreurs sont un abandon de la règle. Comment exiger que les peuples soient régis par des puissances susceptibles d'abandonner une règle juste, sans l'observation de laquelle on ne peut dire proprement qu'ils sont régis ? Il n'y a qu'un être infaillible qui puisse toujours régir des êtres sujets à l'erreur. Puis donc qu'il faut que des mortels faillibles pren-

nent le soin de gouverner les autres mortels,
il s'en ensuit que le gouvernement, dont les
souverains sont chargés, ne peut raisonna-
blement leur avoir été confié, ni par eux
avoir été accepté que conditionnellement,
savoir ; à condition qu'il sera conforme à certaines lois immuables. Or, ces lois immuables ne seroient point telles, si elles n'é-
toient puisées au sein de la Divinité, ou,
ce qui est la même chose, si elles n'é-
toient dictées par une raison évidente et universelle.

Quelles que soient les lois inaltérables ju-
rées et expressément acceptées par ceux qui
gouvernent, ou qu'on doit supposer avoir
été tacitement acceptées par eux et toujours
les obliger, il ne sera pas moins vrai que,
puisqu'ils ont un pouvoir, ils pourront en
abuser ; autrement ce ne seroit point un
pouvoir.

Ainsi, n'en doutons pas, toutes les espèces
de gouvernement exposent les sujets à quelques inconvéniens résultans du pouvoir souverain ; il ne nous reste donc qu'à rechercher
quelle est la forme de gouvernement la moins
défectueuse, celle où il y a le moins d'inconvéniens possibles, la seule par conséquent
qu'une raison éclairée puisse adopter : nous
appelerons cette forme la meilleure, comme

si nous supposions qu'il y en eût plusieurs de bonnes.

Aristote y avoit bien réfléchi, lorsqu'il affirmoit que la meilleure espèce de gouvernement, comme la plus ancienne, est la royauté ou monarchie; il regardoit cette constitution politique comme *la plus divine : Primus et divinissimus principatus*, (1) apparamment, parce que l'empire d'un seul, attirant tout à soi comme à un centre d'unité, a pour modèle la domination du souverain de l'univers.

Cicéron, (2) Salluste (3) et Justin (4) attestent que les plus anciens peuples ont été gouvernés par des rois. Tacite, ce profond politique, dont les ouvrages ont été pour Léibnitz, Bacon et Montesquieu, une source féconde ou ils ont puisé les plus grandes idées, convenoit que le gouvernement républicain avoit une apparence qui flattoit tous les sujets ; mais il ajoutoit, qu'il étoit moins facile que cette constitution politique existât réellement, qu'il n'étoit facile de la vanter, et que lorsque le gouvernement républicain

---

(1) *Politic.*
(2) *III , de legib.*
(3) *In Catilin.*
(4) *Histor. lib.* 1.

avoit lieu, il ne pouvoit être de longue durée ; (1) d'ailleurs, il comprenoit qu'un seul corps d'empire ne pouvoit être bien gouverné par plusieurs individus, dont les vues se croiseroient continuellement : *Unius imperii corpus, unius animo regendum videtur*. (2). La tranquillité publique, disoit-il, dépend de tout rapporter à la volonté d'un seul : *Pacis interest omnem potestatem ad unum conferri*. (3) Dans les occasions où cette tranquillité a été altérée, il n'y a eu, disoit le même historien, d'autre remède que de confier le pouvoir suprême à un seul homme ; (4) car, différens pouvoirs produisent facilement la discorde : *Arduum semper eodem loci potentiam et concordiam esse*. (5) Enfin, Homère, Platon et Titelive s'accordent pour regarder la royauté comme le pouvoir le plus désirable, celui qui mérite le mieux la soumission des peuples, parce qu'il a quelque chose de divin : au reste, puisqu'il faut avoir des maîtres, il est bien moins humiliant de n'en avoir qu'un seul que d'en avoir mille.

---

(1) *Annal. lib.* 3.
(2) *Annal. lib.* 3.
(3) *I. histor.*
(4) *Annal. lib.* 1.
(5) *Annal, lib.* 4.

C 4

Si le pouvoir souverain impose de grands devoirs à celui qui en est revêtu, il faut que ce pouvoir lui soit confié de la manière la plus propre à exalter son ame à la hauteur sublime qu'il occupe, pour qu'elle s'échauffe des feux bienfaisans de la Divinité dont elle se trouve rapprochée. Quoi de plus propre à élever l'ame d'un souverain à cette hauteur, que de songer que rien, si ce n'est la Divinité ou les préceptes qu'elle prescrit, ne s'oppose à l'étendue de sa puissance ? Si de ces préceptes divins, ceux dont l'observation importe le plus au bonheur des sujets, sont rappelés dans des assemblées nationales, qui en exigent et en surveillent l'exécution, la puissance du monarque n'est point diminuée par-là, mais plutôt augmentée et affermie. Quoi de plus propre à animer sa raison, à l'éclairer pour le bien des peuples, que d'envisager ses véritables intérêts personnels, comme étant les mêmes avec ceux de ses sujets ? Enfin, s'il faut toucher son cœur, par un sentiment dont la nature a rendu tous les humains susceptibles, qu'il regarde toutes les familles, qu'il en considère le chef y occupant un trône d'amour, et qu'il se dise ensuite : Ce pouvoir paternel est le modèle de la constitution politique dont je suis le chef; tâchons de recueillir, comme Trajan, cet

éloge magnifique dont son cœur fut délicieusement affecté : *ita cum civibus tuis, quasi
parens cum liberis, vivas.*

S'il étoit possible, suivant la nature des
choses, d'opposer au monarque un tempérament qui l'empêchât d'abuser jamais de son
autorité, on trouveroit alors une forme parfaite de gouvernement ; on trouveroit alors,
si ce n'est point une chimère d'y prétendre,
la véritable pierre philosophale ; car on n'en-
richiroit point réellement autant les peuples,
en découvrant des minières d'or, qui serviroient à répandre ce métal avec profusion,
comme en adoptant une forme de gouvernement qui seroit à l'abri de toute espèce d'abus.
Mais, qu'on y réfléchisse bien, c'est une chimère que de vouloir extirper le principe de
tous les abus : les anciens politiques n'ont jamais cru que cela fût possible. C'est une enfance que de prétendre y parvenir, et cette
prétention n'a fait qu'occasionner mille troubles. Que faire donc pour l'intérêt du peuple,
lorsqu'il s'agit d'arrêter la constitution politique à laquelle il sera soumis, et dont on
a le choix ? Rien de plus simple : adopter la
forme de gouvernement d'un seul, qui est
préférable à toutes les autres ; rendre la couronne héréditaire, (ce qui éloigne les calamités de beaucoup de révolutions) ; disposer

le plan politique de manière à éclairer conti
nuellement le monarque et la nation , sur ce
que leurs intérêts sont absolument les mêmes
enfin , admettre certaines lois fondamentales
qui tempèrent l'autorité du monarque : loi
dont l'empire doit même être respecté dan
toute espèce de gouvernement , parce que
sans elles la tyrannie seroit à la place du gou
vernement. Mais si ces conditions de la mo
narchie ne peuvent être exécutées , toujour
et dans toute leur étendue , ce sera la faut
des circonstances où la constitution politiqu
a pris une forme , et où l'on n'a point clai
rement et suffisamment pourvu aux moyen
qui assurent l'exécution de ces lois fonda
mentales. Le système politique pèche alor
de quelque côté , tant au préjudice du mo
narque , qu'au préjudice de la nation. E
attendant la réforme de ce système , faut-i
bien subir la volonté du monarque ? Le seu
vœu qu'on puisse former dans une telle posi
tion , est d'avoir un monarque disposé à s
prêter aux réformes utiles.

S'il est des cas , et ils ne sont point rares
où la volonté du monarque doit suppléer
l'insuffisance ou aux vices des lois ; s'il es
des cas où la confiance de la nation , dan
les vues bienfaisantes du souverain qui la gou
verne , produit des effets bien préférables

ceux qui résulteroient d'un esprit de réforme dont chaque citoyen voudroit se mêler, quelque superficiel qu'il fût en matière de législation, les citoyens vertueux ne doivent-ils pas alors inviter leurs compatriotes au respect et à une soumission éclairée ?

J'ose le dire dans un siècle où une fausse philosophie a fait de trop funestes progrès : la religion peut rendre respectable le pouvoir du prince, en confirmant que ce pouvoir est avoué de la Divinité. Sans doute nous abuserions des idées religieuses, en supposant qu'il faut courber la tête aveuglément sous le joug du despotisme, par le motif que la puissance confiée aux princes de la terre leur vient de Dieu : elle leur vient également par des causes secondaires, dont la disposition semble avoir été laissée à l'arbitre des hommes. Ce ne sera pas dans une religion dont le divin fondateur a dit que son royaume n'étoit pas de ce monde, et a livré le monde à la dispute des mortels, qu'on commandera sans nulle restriction de se soumettre avec respect à toute espèce de puissance souveraine, en prétextant qu'elle vient de Dieu : la justice, la bienfaisance, l'usage de notre raison sont encore plus positivement des dons de Dieu. Il veut très-expressément que ces vertus aient un empire sur tous les humains, et la religion s'attache plutôt à affermir le règne de ces vertus , qu'à fournir des armes aux tyrans pour se faire respecter. Mais il n'est point indigne d'une religion sainte, de reconnoître que la providence veille sur la destinée des mortels , et conduit les événemens les plus importans des empires. Pourquoi chercheroit-on à briser le lien sacré qui resserre et unit les membres d'une grande société ? Pourquoi la même religion qui ordonne aux enfans de se soumettre à leur père et de l'honorer , ne prescrira-t-elle point d'être soumis envers son roi ? La subordination dans une famille est-elle plus nécessaire qu'entre les divers ordres d'un état ? Plus le besoin de cette subordination est grand , plus le précepte qui l'affermit doit être sacré. Mais il ne seroit point philosophique d'envisager seulement ce précepte isolé : il y a d'autres préceptes qui doivent se concilier avec celui-là ; et c'est du parfait accord entre tous les devoirs et les droits de l'homme et du citoyen dans les divers ordres de l'état, que naît l'harmonie de la société.

Est-ce seulement par adulation que les Payens avoient conçu l'idée de respecter la puissance souveraine , comme étant soutenue par la volonté des dieux ? N'est-ce pas plutôt dans un sentiment intérieur de morale qu'ils avoient puisé cette idée ? Callimaque a dit:

Ex Jove sunt reges. Déjà parmi les philosophes grecs et romains la raison humaine
avoit fait tous les progrès dont elle étoit capable par elle-même en matière morale, lorsque Pline, dans son panégyrique de Trajan,
regardoit comme une maxime dont il n'étoit
plus permis de douter, savoir, que les cou-
ronnes sont données par la Divinité, ou par
le destin.

L'opinion qui conserve toujours à la nation
le pouvoir souverain qu'elle confie, et peut
reprendre à son gré, est aussi fausse que dangereuse. Cette opinion, établie en Angleterre à l'époque où on y a perdu le vrai culte
pour tolérer toutes les sectes religieuses, est
un des plus funestes présens que la nation
anglaise puisse faire à ses ennemis. Au premier coup-d'œil, on est porté à croire que la
plus grande force résidant dans la multitude
des sujets, c'est à eux seuls à faire la loi ;
mais si on leur persuade généralement cette
idée qui les flatte, on les jette dans des guerres
civiles, on expose la nation à des révolutions
qu'elle paie bien chérement ; voilà le péril.
Quant à la fausseté de l'opinion, elle est facile
à concevoir. Les politiques ignorent-ils que
la force d'une multitude de bras est faite pour
être conduite, et non pour conduire l'état,
à-peu-près comme une foule d'ouvriers élèvent

réellement un édifice ; mais c'est un architecte qui doit les diriger ? Ignorent-ils que la force de la multitude est réprimée par mille causes secondaires, ou qu'il est très-difficile à un grand nombre d'hommes de se mettre d'intelligence ? On peut, il est vrai, semer la sédition parmi la multitude, rendre cette sédition puissante ; mais lorsqu'il faut ensuite fixer sagement une constitution politique, au milieu d'une nation précédemment ameutée, c'est alors qu'on peut citer l'histoire de la tour de Babel, sur laquelle, en s'élevant, les enfans des hommes prétendoient braver la Divinité. Si cette histoire n'étoit point véritable, elle offriroit une sublime allégorie.

Quand je parle d'une multitude qui ne peut parvenir à former pour elle-même des lois sages, assurément je ne prétends point appliquer ce que je viens de dire à une nation qui serait éclairée, dirigée et convoquée par un ou plusieurs chefs, et qui, en vertu d'un ordre pré-établi, tendroit à l'unité du pouvoir souverain, pour remettre, au dépositaire de ce pouvoir, le soin de faire exécuter des lois précédemment connues, ou seulement en général le soin de faire observer la justice ; mais l'utilité même de ce pouvoir souverain prouve qu'il n'appartient point à des nations de former toutes leurs lois : elles ne font que reconnoître celles dont la nécéssité les frappe davantage, ou se réservent d'acquiescer aux nouvelles lois qu'on leur proposera.

Qu'on parcoure les monumens où se conserve le souvenir de quelque révolution dans le gouvernement des nations, on y verra que les peuples ne se sont déterminés à obéir à un prince que par la force des circonstances, et bien rarement par un consentement très-libre. La force, les talens, l'intrigue, le courage, les succès heureux de quelque individu qui est parvenu à être le chef de ceux qui étoient auparavant ses égaux, toutes les circonstances qui élèvent quelqu'un au pouvoir suprême, sont des effets de la providence, qui, quoi qu'on en dise, régit tout l'univers par des causes premières ou secondaires. On aura raison d'objecter que les causes secondaires, procédant de la volonté libre de l'homme, (volonté qui, à cause de cette liberté, est à part de la volonté divine) ne doivent point être entièrement imputées à la providence : mais, sur-tout dans les révolutions des empires, les trois-quarts des effets qui s'y réalisent ne résultent point de cette volonté libre de l'homme, qui a pour but direct la révolution dont il s'agit ; ainsi donc, encore une fois, c'est la providence qui règle la destinée des empires.

Quoi ! la force militaire , la violence soutenue des circonstances , ont fait la plupart des rois qui n'ont point reçu le trône de leurs ancêtres ? Cela répugne aux amis de la liberté. Mais , insensés que vous êtes , révoltez-vous sous ce prétexte spécieux , si vous en avez l'audace : les maux de la révolte que vous occasionez seront certains : les bons effets que vous espérez recueillir sont incertains. Si vous réussissez, vous ne ferez que changer de maître ; et il est à croire que vos nouveaux maîtres seront pires que les premiers : du moins toute révolution en appelle une autre ; et ce n'est que lorsque les peuples ont été fatigués par les révolutions , qu'ils sentent alors plus que jamais le besoin qu'ils ont d'obéir tranquillement à un seul prince.

Je ne dissimule point que les princes qui rendroient leur puissance insupportable en blessant ainsi les préceptes les plus sacrés prescrits par la Divinité , s'exposent à trouver dans l'ordre naturel des choses une punition méritée : les causes secondaires agissent alors comme pour venger la providence irritée. Mais il n'est nul citoyen sage qui puisse approuver les révolutions , si ce n'est lorsque l'empire qu'il s'agit de dissoudre est insupportable dans toute la force du terme, et qu'il n'y a pour le peuple , sous cet empire , nulle espérance

pérance d'un meilleur sort. Je dirai bien plus:
ce ne sont point les citoyens vertueux qui
excitent les changemens de domination , car
ils ont horreur des scènes de carnage qui se
passeroient dans une discorde civile.

En considérant une monarchie tempérée
de manière à préserver tous les droits de
l'homme, ce gouvernement étant le plus parfait, il appartient au citoyen vertueux de tout
sacrifier pour le maintien d'un tel gouvernement : mourir pour le roi d'un peuple ainsi
gouverné , c'est mourir pour la patrie , être
le martyr de la cause commune, le martyr de
l'humanité.

Indépendamment de ce dévouement au monarque , dicté par la nature de la constitution
politique à laquelle il préside , il est des
vertus personnelles au moyen desquelles les
princes rendent leurs sujets encore plus dé-
voués et facilement soumis. Sénèque a dit,
que les peuples sont confiés à la tutelle des
rois, mais ne sont nullement leurs esclaves :
il a dit, qu'on obéissoit bien plus volontiers
à un prince dont le gouvernement est doux,
qu'à celui qui ne régit ses peuples qu'avec un
sceptre de fer : (1) ces vérités sont senties
par tout le monde, sans qu'il soit besoin de

______

(1) *Senec. de clement. lib. I.*

D

les confirmer par des autorités. (1) La providence, attentive à récompenser toutes les vertus, et spécialement celles des princes, augmente le pouvoir qui leur appartient naturellement, lorsqu'ils n'en font qu'un usage modéré : autrement, s'ils emploient, hors de nécessité, toute la force qui leur est confiée, ils en sont punis comme d'une espèce de libertinage de puissance, s'il est permis de s'exprimer ainsi. Horace : qui avoit sondé les profondeurs de la littérature, ainsi que de la philosophie, n'avoit-il pas dit :

Vim temperatam dî quoque provehunt in majus.

Qu'on est heureux d'être le prince d'un peuple éclairé, dont le respect et l'amour envers son souverain n'ont pas besoin d'être excités, soutenus par des fables ou par la superstition. Les Français n'ont nul besoin, pour aimer leur roi, de croire qu'il est arrière-petit-fils du Soleil, de Jupiter, ou d'Hercule : il leur suffit, pour se féliciter de leur sentiment d'amour, de lire dans leurs annales, que cet amour du peuple pour son chef a soutenu l'état dans les occasions les plus critiques,

---

(2) *Qui impudenter et passim in omnibus potentiâ abutitur, is neque benevolentiam neque firmam securitatem invenit.* **Dio. cass. lib. LXIII.**

l'a préservé de mille calamités. Cet amour envers le monarque est devenu comme une force d'habitude chez les Français ; et il seroit absurde de soupçonner qu'il n'a pas été alimenté, entretenu par une longue suite de princes qui ont singulièrement aimé leur peuple. Ces princes ont subi le sort attaché à l'humanité : ils ont eu des foiblesses, quelquefois des vices ; mais ces taches, qui ont déshonoré quelques règnes, n'ont point empêché, et n'ont pas dû empêcher que l'amour réciproque du roi et des sujets français n'ait été transmis avec la couronne comme un droit héréditaire. Jamais il n'a été plus juste que cet amour des sujets parvienne au plus haut degré d'intensité, qu'à l'époque où Louis XVI, convoquant une assemblée nationale, lui annonce qu'il veut lui remettre l'exercice des droits qui appartiennent à la nation : peu de souverains ont cherché à limiter eux-mêmes leur autorité, ou, pour mieux dire, peu de souverains ont ainsi connu le prix de la véritable autorité. (*)

(*) Faut-il convenir que le meilleur des Princes, l'infortuné Louis XVI avoit suivi avec trop d'abandon les impulssions de son cœur paternel. Que de larmes fera répandre encore l'histoire de son funeste sort !..... Que de victimes...... *Proh dolor*,

Quel essor les vérités utiles ne doivent-elles pas se permettre sous un tel règne ? C'est à cette époque heureuse qu'un écrivain pourra démontrer librement tout ce qu'il croira vrai, parce que la vertu du prince ne craint aucune vérité. Nous dirons que le meilleur gouvernement politique, est celui d'une monarchie fondée sur des lois inaltérables touchant la propriété des sujets, et touchant leur juste liberté ; d'une monarchie où la nation concourt avec le monarque à l'établissement des lois générales ; d'une monarchie dont le chef communique avec les vrais représentans de la nation, et reçoit, pour le plus grand intérêt public, tous les rayons de lumière qui partent des divers points de l'état, et viennent se réfléchir au trône : nous dirons que les lois inaltérables qui servent de fondement à la monarchie, doivent être le résultat d'une raison évidente et universelle; ce qui est la même chose que d'être puisées dans le sein de la Divinité. Le monarque qui soumet ainsi son empire à la Divinité, ne sauroit en être humilié, et n'a plutôt qu'à s'en glorifier. Ce sont ces lois immuables auxquelles il est plus beau de se soumettre, que de régner indépendamment d'elles.

Majus est imperio, legibus submittere principatum.

Mais il convient de développer ces lois générales immuables qui doivent servir de fondement et de tempérament à la monarchie.

CHAPITRE III.

Recherche du tempérament par lequel, sans altérer la puissance du monarque, on pourroit empêcher les abus ou les erreurs de l'administration.

L'Art de régir les peuples est un art difficile ; c'est le plus beau, le plus noble, le plus important de tous, et on a eu raison de dire que les rois représentent la Divinité. Mais comment est-il possible à un foible mortel de remplir avec suffisance un tel rôle ? Pour remplir la place d'un Dieu, il faudroit être lui-même, tout voir, tout prévoir, ne jamais ordonner rien d'injuste, rien de nuisible. Avec les meilleures intentions, l'administrateur le plus éclairé se trompe quelquefois. Ce qui seroit une légère faute dans une administration particulière, est toujours grave dans l'administration générale d'un royaume, même d'une province.

Il n'y a personne d'assez insensé parmi les rois, ni parmi les ministres, pour prétendre s'égaler à la Divinité, et qui pense que les ordres qu'il aura conçus seront tous, sans exception, justes, conformes à la plus grande sagesse. Si d'un côté la subordination des sujets à une autorité souveraine est nécessaire, et d'un autre côté, si le soin que doivent prendre les dépositaires de cette autorité de fuir toute injustice, toute erreur d'administration, n'est pas moins nécessaire, il résulte de ces deux points, que plus les législateurs se soumettront à des moyens de s'éclairer dans leur législation, plus la constitution sera parfaite. En reconnoissant ainsi qu'ils sont sujets aux foiblesses de l'humanité, les princes se seront occupés, le mieux qu'ils auront pu, du soin de s'en préserver; plus ils auront sacrifié un vain amour-propre pour adopter ces moyens, ou auront montré de sollicitude pour parvenir à ces moyens, plus ils auront ainsi fait cas du peuple que la providence leur a confié; plus ils auront de gloire, de bonheur et de puissance. A quelle récompense plus flatteuse peuvent-ils aspirer qu'à ce prix qu'ils obtiennent sûrement, ce prix au-dessus de toutes les richesses, de toutes les satisfactions possibles: l'amour du peuple? Le cœur de chaque mortel a été

disposé pour s'abreuver délicieusement de
l'amour de ses enfans , de ses proches , de ses
amis , pour jouir de l'estime de ses concitoyens ; mais le cœur d'un roi ou d'un ministre peut être inondé des effets d'un sentiment si doux , en obtenant l'amour et la reconnoissance d'une nation entière.

Le meilleur moyen d'éclairer l'administration , soit relativement à des ordonnances
dont l'effet n'est que provisoire , soit relativement à celles dont l'effet est permanent,
est, ce me semble , que le monarque s'entoure
de l'élite de la nation , qui puisse lui communiquer ses vues , ses objections, lui faire ses
remontrances. Je parle de toutes les monarchies en général , et n'examine point en ce
moment le droit qu'a la nation française de
consentir , dans ses états-généraux , aux lois
perpétuelles ; il peut y avoir mille circonstances où des états-généraux sont tumultueux,
et où une élite de citoyens éclairés seroit plus
propre à déterminer les partis avantageux
qu'il convient à l'administration d'adopter :
cependant, par-tout où des états-généraux
seront composés de manière à représenter
véritablement la nation , où la prépondérance
et le nombre des votans y seront relatifs et
proportionnés aux grands intérêts des diverses
parties d'un royaume , on aura le véritable

conseil du monarque , celui dont il doit obtenir le consentement pour des lois perpétuelles ; plus la nation sera éclairée , plus les représentans qu'on aura choisis librement dans chaque province viendront éclairer d'un jour pur les matières qu'il s'agira de discuter et résoudre. Voilà pour les lois perpétuelles , dont , à l'exception de celles qui sont fondamentales de la constitution , il seroit désirable qu'on fit une espèce de révision dans tous les royaumes, à des époques déterminées , auxquelles devroient être régulièrement tenues les assemblées générales de la nation.

La difficulté ne consiste plus que dans le choix des représentans de la nation pour les enregistremens, vérifications et remontrances, relativement à des ordonnances d'un effet provisoire et passager, où le monarque est seul et absolu législateur.

Plus une administration est gênée , plus elle est imparfaite. Ne craignons point ici de nous aider de comparaisons triviales : on peut comparer la marche de l'administration publique à une montre dont le grand ressort doit nécessairement entraîner tous les rouages; mais cette montre n'en seroit point une, si l'action du grand ressort n'avoit été combinée de telle sorte qu'il y eût , pour ainsi dire , avec ce grand ressort , une connivence de l'ensemble des rouages , disposés de manière à produire l'effet qu'on attend d'une telle machine.

Il n'y a point de machine politique , ni mécanique , où ne doive régner une force dominante. L'état politique se dissout , lorsqu'une puissance subalterne ose et prétend égaler la force principale , comme le mouvement cesse dans toute machine mécanique , où un rouage s'arrêtant peut opposer une résistance égale à la force du moteur principal. Il faut donc que la volonté du monarque soit suivie , lorsqu'après avoir écouté les itératives remontrances des hommes préposés pour lui servir de conseil , il persiste dans cette volonté sur des objets urgens , ou dans ses ordres , dont les effets ne doivent être que passagers.

A cette proposition , que les amateurs de la liberté ne s'effarouchent point : la véritable liberté d'une nation est de se soumettre aux meilleures lois fondamentales ; il faudroit que ceux qui s'alarment , même sans fondement , au seul nom d'autorité absolue , éprouvassent les effets d'une constitution politique , où les puissances intermédiaires auroient le droit d'annuller le pouvoir principal : ils se verroient alors entraînés dans les horreurs d'une véritable servitude qu'ils craignent tant, ou de l'anarchie qui n'est pas moins à redouter.

Pour que l'aristocratie ne fût point aussi dangereuse que l'anarchie, et offrît une forme de gouvernement supportable, il faudroit que les pouvoirs des aristocrates fussent contenus ou réprimés par des liens beaucoup plus forts que ceux qui mettent un tempérament à l'autorité absolue du monarque ; il faudroit que l'état ainsi gouverné fût très-peu étendu, et que les communes pussent facilement se mettre d'intelligence, pour repousser les vexations des aristocrates ; il faudroit, enfin, que ces aristocrates réunissent toujours leurs volontés dans une volonté unique : autrement les moyens d'administration, ne se rapportant point à un centre d'unité, seroient évidemment vicieux. Si on divisoit un royaume en diverses aristocraties, on s'éloigneroit infailliblement de ce centre d'unité, quoiqu'elles fussent composées sur le même modèle, et on tomberoit dans les inconvéniens de l'anarchie : cependant, il est un aspect sous lequel une espèce d'aristocratie est nécessaire, ou bien paroît résulter de l'ordre naturel. Sans doute l'inégalité des talens, des lumières, des richesses, fait qu'un citoyen prend un ascendant naturel sur les autres citoyens, et peut influer, plus ou moins, sur les opérations politiques du gouvernement. Si l'on

étoit assuré que des demi-aristocrates ne son-
geroient qu'au bien public, jamais à leurs
vues personnelles, il conviendroit de les soutenir, de les armer d'un certain pouvoir dans
la constitution politique : mais cette supposition est inadmissible. Le partage, quel
qu'il soit, du pouvoir souverain, occasionne
souvent entre les co-partageans une lutte pré-
judiciable à la nation : l'envie excessive de
dominer s'empare facilement du cœur humain. Faciliter des succès à cette envie dans
un état, dont l'étendue ne peut être bien
gouvernée que par un monarque, c'est renverser la constitution, c'est blesser le bonheur
public.

Que de motifs n'ont pas les peuples pour
se livrer, avec confiance, à un monarque,
dont les aïeux ont régné pendant plusieurs siècle ? Que de motifs n'ont pas tous les sujets,
pour préférer la monarchie à l'aristocratie ?
Que de motifs n'a pas un souverain, pour
n'envisager que l'intérêt de son peuple qui
est le sien propre ? Dans une longue suite
d'héritiers de la couronne, on peut craindre
qu'il ne se rencontre quelque roi foible ou
vicieux ; mais, quels que soient les vices qui
le dominent, son intérêt propre, qui est celui
de son peuple, ne l'emportera-t-il pas ordinairement ? Dans une constitution qu'il s'agit

de rendre permanente , ne doit-on pas plutôt consulter l'ordre naturel des choses , que des possibilités extraordinaires et invraisemblables ?

Si une nation étoit assez trompée par des citoyens de mauvaise foi , pour que tant de considérations ne fussent point suffisantes à exciter sa confiance dans l'autorité remise à un monarque , elle n'auroit qu'à se convaincre de la nécessité d'une telle confiance , en pensant aux inconvéniens du partage du pouvoir souverain : elle verroit qu'il y a des cas pressans , où le monarque qui la régit ne peut être arrêté dans son administration , sans un péril imminent qui regarde tout le peuple ; des cas où le mystère doit accompagner les démarches de l'administration , et où , sans mystère et sans moyens pour réaliser des projets formés dans le silence du cabinet , tous les succès sont manqués ; elle verroit que l'aristocratie menace la tranquillité publique , appelle sans cesse la guerre civile et les révoltes , et ne diffère point de l'anarchie ; que dans l'anarchie , il n'y a plus de sécurité ni pour les personnes , ni pour les droits de propriété , parce qu'elle rend les lois muettes , et qu'une société ne peut exister ni se maintenir que sous le règne des lois : elle verroit enfin que ses intérêts sont assez gardés

par la nature même de la constitution politique qu'elle a adoptée ; car les pouvoirs subalternes n'auroient, suivant cette constitution,
qu'à modérer le mouvement trop rapide qu'im-
primeroit l'agent principal ; et pour en revenir à ma comparaison précédente d'une machine mécanique, si le grand ressort pouvoit
entraîner précipitamment et sans mesure tous
les rouages, tout s'useroit, se heurteroit, se
briseroit peut-être, et se dissoudroit au grand
préjudice du peuple et du monarque lui-
même.

Si quelquefois le peuple a eu justement
à se plaindre des ministres qui ont entouré
le prince, quelquefois aussi les ennemis in-
quiets d'une autorité légitime se sont servis,
comme d'un prétexte, de l'allégation des
abus du pouvoir ministériel, pour refroidir
la confiance que la nation doit à son souverain ; quoi qu'il en soit, dans l'ordre que
nous décrivons, par lequel les représentans
du peuple porteroient directement au monarque leurs remontrances, touchant les nouveaux actes d'administration, on seroit assuré
que le monarque a tout vu, tout entendu.
Que pourroit-on alors reprocher aux ministres, qui fût un abus d'un pouvoir trop
étendu à eux confié ?

Mais, pour rassurer les esprits enclins à

la méfiance ; poussons la prévoyance plus loin : supposons que des ministres adroits ayent pris un tel ascendant sur les volontés du prince, que malgré que ce prince ait entendu des remontrances justes, réitérées, propres à le faire revenir sur ses pas, il persiste à vouloir l'exécution d'une ordonnance nuisible, et qu'il ne croit point telle. Dans ce cas, l'empire de la raison, que la Divinité a répandue sur tout le globe, fera, n'en doutons point, conspirer les divers corps représentans chaque province, pour réclamer de concert une tenue des états-généraux. Le monarque s'y prêtera, parce qu'il sent toujours qu'il est le père du peuple, et un père ne se refuse point à une invitation pressante de toute sa famille, qui veut s'assembler sous ses regards et discuter avec lui des intérêts communs.

Nous avons dit qu'il convenoit de créer un corps dans chaque province, qui seroit chargé du soin de veiller à la chose publique, et d'éclairer par ses remontrances le prince et le ministère dans leurs actes d'administration. Ce corps qui pourroit être appelé, *commission intermédiaire*, ou *conseil provincial*, seroit l'élite des assemblées provinciales, qui ont été si bien imaginées pour contribuer à réaliser tous les genres d'utilité,

dont chaque partie d'un royaume est susceptible. (1). Par exemple, comme les provinces françaises sont plus ou moins éten-
dues, ou peuplées, plus ou moins riches
les unes que les autres, le conseil provincial
élu dans quelques provinces devroit être plus
nombreux, et offrir un vœu, dont le degré
d'importance seroit plus marqué. On pourroit dire ainsi : Le conseil provincial du Lan-
guedoc représente une douzième, ou une
treizième partie du royaume ; celui de la
Provence en représente une dix-huitième
partie, etc. Ainsi lorsque le vœu d'un certain
nombre de conseils provinciaux seroit uniforme, le monarque pourroit apprécier, si c'est
le vœu du plus grand ou du moindre nombre
de ses sujets qui lui est porté. Lorsqu'un conseil provincial objecteroit contre l'exécution
d'une nouvelle loi, des motifs particulièrement applicables à la province qu'il représente, le monarque verroit si ces motifs sont
suffisans pour adopter quelque modification

---

(1) Je ne mets point ici de différence entre les
administrations provinciales et les états-provinciaux;
car suivant la théorie de cet ouvrage, les intérêts
de chaque partie du royaume doivent être les
mêmes, et les lois doivent être uniformes, les priviléges par-tout égaux.

ou exception particulière pour cette province,
tandis qu'ailleurs la loi seroit générale.

On a toujours songé à former dans chaque
état cette espèce d'échelle qui gradue les différentes autorités , depuis le magistrat le plus
subalterne , jusqu'au centre d'où toute l'autorité émane , et auquel tous les pouvoirs
particuliers sont subordonnés ; mais on n'a
guères songé à former une échelle semblable
pour faire parvenir tous les rayons de lumière
qui sont répandus dans un royaume , et les
réunir au centre qui doit leur servir de
foyer. Un tel monument élevé à la raison ,
seroit un chef-d'œuvre de politique, et conviendroit à un siècle philosophe, à une nation qui se vante d'être éclairée , ou qui est
du moins propre à devenir la nation la plus
éclairée de l'Europe. C'est une espèce de barbarie de n'avoir pensé qu'à régler les différens poids de l'autorité , dont l'amour-propre
est jaloux , tandis qu'on négligeoit de régler
les moyens pour obtenir tous les éclaircisse-
mens qu'une saine raison pouvoit fournir
dans les matières d'utilité publique ; raison
qui devroit être la seule autorité qui gouver-
nât les hommes. Il s'est ensuivi de cette né-
gligence , que l'autorité est devenue une matière qu'on achète avec l'or , comme si avec
de l'or on a achetoit le mérite et la vertu.

Ne

Ne sait-on pas , au contraire , qu'à part l'emploi de la monnoie , pour faciliter la circulation et l'échange des choses de première nécessité , ou de pure commodité , tout autre emploi en est vain , s'il n'est pernicieux, vil , ou infame ? Les frivolités du luxe , les commodités de la mollesse en sont les résultats les plus tolérables. La supériorité de l'homme riche qui, avec son or, achète la sueur du pauvre, peut être encore tolérée quoiqu'elle ait introduit une espèce d'esclavage ; mais avec de l'or on achète les crimes ; on fait dépouiller la pudeur. Ce n'est pas pour rien que le Créateur avoit caché dans les entrailles de la terre ce métal abominable , où il faudroit peut-être le remettre encore: au moins on ne devroit point permettre que la justice se souillât des tâches de la vénalité.

CHAPITRE IV.

Des deux lois fondamentales de tout bon gouvernement, qui assurent la liberté des personnes et leurs proprietés.

LA meilleure forme d'une monarchie a déjà commencé de se développer à nos yeux. Nous la voyons s'élever sur des bases solides qui sont ses lois constitutionnelles : celles qui tiennent à l'essence de la monarchie règlent la succession au trône ; celles qui rendent ce gouvernement préférable à tous les autres, disposent le monarque à la même place envers ses sujets, qu'un père occupe envers ses enfans. Nous verrons ci-après, qu'une loi fondamentale de la monarchie est l'unité du culte religieux publiquement adopté. Examinons maintenant deux lois fondamentales propres à la monarchie, et qui ne sont pas moins propres à toute autre espèce de gouvernement qui ne seroit point tyrannique. Nous parlons du droit de propriété et d'une juste liberté des personnes.

L'idée de la communauté générale des biens de la terre est d'autant plus attrayante, qu'elle tient en quelque sorte à l'égalité naturelle des

hommes entre eux, qui semble leur être at-
testée par un sentiment intérieur. Nous voyons
mille classes d'animaux paroissans plus ou
moins abjects dans les airs, sur la terre et
dans l'eau, qui sont nourris également par
la nature. Cette mère commune produit leurs
alimens ; ils n'ont qu'à les prendre où ils les
trouvent. Et nous créatures plus nobles qui
dominons sur tous les animaux, nous comp-
tons parmi nos semblables des êtres qui sont
nés sur la terre, pour vivre des fruits de la
terre, et nous disons que ces êtres n'ont pas
le droit d'usufruit sur un pouce de terre.

L'animal le plus fort ne dévore pas plus
d'alimens, que ce que la capacité de son es-
tomac peut en contenir et digérer ; et les
hommes, ces êtres prétendus raisonnables,
s'emparent tellement, les uns au préjudice
des autres, des fruits qui sont au-delà de leur
nécessaire, les dérobent si bien aux besoins
d'autrui ; qu'un seul en a plus qu'il n'en faudroit pour en nourrir mille, tandis que mille
entretiennent à peine une vie languissante à
l'aide de certains fruits indigestes et mal sains,
qu'ils disputent encore aux animaux. Quelles
déclamations pourra donc faire un philosophe,
qui, dans son humeur mélancolique, déteste
la race humaine !

Mais, qu'on y réfléchisse bien : ce renversement apparent de l'ordre naturel est une conséquence nécessaire , quoique souvent funeste , des attributs les plus nobles de l'espèce humaine , attributs qui la distinguent des animaux : il importe seulement d'arrêter les abus extrêmes de cette conséquence nécessaire.

Quels sont ces attributs ? L'homme est capable de raison , de réflexion , d'industrie , et il est fait pour la société : les animaux d'une même espèce s'attroupent ou vivent en compagnie , jamais en société ; il n'y a parmi eux qu'une société passagère d'un à un entre les deux sexes , autant seulement qu'il en faut pour la multiplication de l'espèce. Leur privation d'un sentiment de société vient de ce qu'ils n'ont ni raison , ni industrie qui puisse notablement se perfectionner par la réflexion.

C'est à l'homme seul qu'il appartient de vivre en société : comment le fera-t-il , s'il ne convient du droit de propriété ? L'homme seul n'oublie pas ses enfans ; il faut donc que sa propriété , que les fruits d'un travail fait en vue de ses enfans , puissent être transmis à ses enfans ; il connoît , il discerne tous les degrés de parenté ; il a de la reconnoissance à marquer , des amis à distinguer ; il a besoin de s'aider du travail d'autrui , et d'avoir un salaire à payer pour obtenir ce tra-

vail. Tout indique chez lui le besoin de la
propriété, sans laquelle aucune société n'existeroit, sans laquelle aucune industrie ne seroit
excitée, sans laquelle, enfin toute la perfec-
tibilité de la race humaine s'évanouiroit. Otez
la propriété : bientôt une nation retombera
dans la barbarie. L'esprit inventif de l'homme
lui fournira des traits plus affreux de cruauté
à exercer parmi ses semblables, que ceux
dont la ruse du renard, l'intelligence de l'é-
léphant, jointes à la férocité des loups et des
tigres, seroient jamais capables pour la destruction des animaux ; l'énormité des crimes,
dont l'homme qui n'a point de frein, est
susceptible, fourniroit une preuve suffisante
de la nécessité qu'il y a d'admettre la propriété et des lois de société.

Ainsi l'exclusion du droit de propriété est
une chimère, qui n'auroit jamais dû entrer
dans la tête d'aucun philosophe : ainsi le droit
de propriété est le fondement de toute société. La sécurité générale de la propriété indique l'obligation de faire sanctionner, par
le consentement du peuple, les impôts perpétuels qu'il doit supporter ; autrement une
faculté illimitée qu'on supposeroit appartenir
au pouvoir souverain, d'aggraver les impôts
perpétuels, annulleroit le droit de propriété.

Mais à quelle condition l'établissement ori-

ginaire de la propriété a-t-il pu avoir lieu ?
A quelle condition l'homme a-t-il pu s'exposer à ce que d'autres hommes parvien-
droient à s'emparer d'un espace de terrain
immense , tandis qu'il seroit réduit dans un
petit coin de propriété , ou en seroit dépouillé tout-à-fait ? A quelle condition s'est-
il soumis à des lois qui introduiroient une
énorme inégalité entre des êtres faits pour
être égaux ? A quelle condition a-t-il consenti à avoir des vertus de société ? A quelle
condition l'homme laborieux , brillant de
force , de courage et de santé , a-t-il renoncé
à cette supériorité qu'il tient de la nature sur
la plupart de ses semblables ? S'est-il résigné
paisiblement à voir près de lui un autre
homme oisif, foible , pâle , recueillir de quoi
remplir de riches greniers , dormir sans inquiétude dans son enclos ? Comment n'a-t-il
pas dit : j'employerai ma force à renverser
cet enclos, j'arracherai, en vertu de ma force,
et en vertu de mes besoins , tout ce qu'il me
plaira d'enlever ?.....

Ah ! c'est sans doute à condition que la
propriété la plus chère lui resteroit et seroit
respectée par les lois, à condition qu'il auroit
la propriété de lui-même , qu'il seroit libre.
Ainsi n'ayant point d'autre propriété , ou en
ayant trop peu , son travail et son industrie

suppléeront à ses besoins. Il pourra être encore vertueux : plus il sera pauvre dans la société , plus sa vertu sera respectable. S'il y étoit riche , ses richesses seroient presque nulles lorsqu'il n'auroit pas la certitude d'être libre. Il doit sentir que sa liberté ne peut être perdue qu'en considération d'un danger réel dont il menaceroit la société. Le crime seul doit lui faire perdre le bien précieux de la liberté. L'innocence et la vertu doivent lui en être garans ; et cette liberté, suivant les lois , cette liberté fondée sur les droits de l'humanité , s'il falloit encore l'acheter, des milliards d'hommes l'ont achetée assez chérement pour leur postérité, en se soumettant aux lois qui consacrent le droit de propriété.

Ce droit de propriété ne peut être maintenu avec justice , qu'en tant que le gouvernement pourvoit à ce que les indigens trouvent quelques moyens par leur travail de réparer leur extrême indigence. Quant aux hommes impotens et pauvres, les propriétaires , ou pour eux le gouvernement, sont obligés solidairement à les nourrir : car le droit de propriété n'a été introduit que pour le bien de la société. Or , dans cette vue d'utilité publique, on ne sauroit admettre qu'il y eût des hommes qui , sans qu'il y eût de leur faute, fussent exposés à mourir de faim.

S'il est vrai que dans aucune société on ne doive jamais blesser le droit de propriété, à plus forte raison est-il vrai qu'on ne doit jamais y blesser le droit de liberté : car celui-ci est fondé sur les lois naturelles ; l'autre ne paroît fondé que sur les lois civiles. Mais il est des cas où on peut frustrer un citoyen de son droit de propriété bien reconnu ; c'est lorsqu'il a mérité, par ses méfaits, qu'une autorité légale ordonnât la confiscation de cette propriété ; d'autres cas ou le libre usage de cette propriété lui est seulement interdit pour un temps, parce qu'il est enfant, ou mineur, ou insensé. Il est des cas où la sécurité personnelle d'un individu doit céder aux motifs de sécurité publique : tel citoyen par ses crimes s'expose à perdre pour toujours sa liberté ; tel autre doit la perdre pour un temps. Un criminel perd, en vertu des lois criminelles, l'usage de sa liberté, à-peu-près comme un impubère, un insensé, un prodigue perdent l'usage de leurs propriétés en vertu des lois civiles ; mais au fond le droit de propriété n'existe pas moins pour chacun, ainsi que le droit de liberté. L'un et l'autre de ces droits ne seroient rien sans l'appui de la loi, et s'ils n'étoient soumis à leur suspension ou cessation prononcées par des lois justes et nécessaires au bien public.

La grande question consiste, à savoir, si dans une monarchie que nous reconnoissons pour le meilleur de tous les gouvernemens, il peut être permis d'attenter à la liberté d'un citoyen, sans observer les formalités de la loi, de le renfermer dans des prisons d'état, de le punir sans l'entendre.

A cette question toutes les voix s'élèvent pour prononcer la négative. A l'aspect d'un danger qui semble menacer même les citoyens honnêtes, d'un danger dont l'effet peut répandre la consternation dans les familles les plus vertueuses, on est saisi d'horreur, on est prêt à s'indigner contre quiconque éleveroit le moindre doute sur une telle question. Examinons-la néanmoins de sang-froid, et sans la partialité que la terreur naturellement inspirée, par le pouvoir arbitraire peut exciter.

Première Vérité.

La liberté des personnes est un droit naturel antérieur à la formation de toute société, supérieur à toutes les lois politiques inventées par les hommes, et qui n'appartiendroit pas moins aux hommes, quand même tous les législateurs et toutes les nations assemblées auroient unanimement décidé que ce droit n'existe point : car une assemblée de tous les êtres raisonnables qui autoriseroit une erreur, n'empêcheroit point que ce ne fût une erreur. Si cette assemblée décidoit qu'il n'existe point de Dieu, Dieu n'existeroit pas moins : si elle décidoit que la raison ne doit point dominer parmi les hommes, il ne seroit pas moins vrai que la raison doit être leur règle souveraine. La liberté des hommes émane tellement de Dieu, qu'elle s'étend jusqu'à pouvoir l'offenser lui-même. Comment les puissances de la terre oseroient-elles enchaîner cette liberté, lorsqu'elle n'est ni dangereuse ni criminelle ; qu'elles respectent cette liberté qui est évidemment l'ouvrage de la nature ou plutôt de Dieu ? On peut violer les œuvres de Dieu, mais non les détruire. Les lois, dans une constitution quelconque, qui permettroient d'attenter sans motifs bien prouvés et sans formes légales, à la liberté des citoyens, ne seroient point lois ; elles en usurperoient le nom. L'oiseau le mieux élevé à rester dans une cage, ou qui est forcé d'y rester, parce qu'on lui a coupé les ailes, sent que la nature travaille à lui restituer la force et la longueur de ses ailes ; trouve-t-il une issue, il s'envole : c'est son droit naturel qui l'emporte loin du tyran qui l'avoit captivé.

Observation sur la vérité précédente.

Il est un cas où les lettres de cachet semblent produire un bon effet : c'est lorsque chez une nation où l'infamie du supplice se répand sur tous les parens du supplicié , par un préjugé absurde qu'on n'a pu encore déraciner , et qu'on ne déracinera que peu-à-peu , si toutefois on y parvient , on retranche de la société , sans formalités , un individu dont la conduite pourroit déshonorer sa famille , digne des égards dus aux familles honnêtes ou illustres.

Si les lettres de cachet avoient lieu pour un seul cas , elles risqueroient d'avoir lieu pour d'autres. Le cas énoncé ne pèse point assez pour balancer les inconvéniens d'un tel usage du pouvoir arbitraire ; il faut donc re-garder ce cas comme ne fournissant point une objection suffisante contre l'exclusion d'un tel usage. Si l'on a des doutes sur ce point, il est facile de les lever. Un écrivain éclairé (1) a proposé d'établir des tribunaux de famille où un nombre fixe de parens assemblés suf-firoit pour réclamer et obtenir l'emprisonne-ment d'un des leurs. Cette institution pour-

____

(1) M. Lacretelle.

roit être néanmoins sujette à des abus , et il ne seroit point absolument juste que toutes les classes de citoyens ne participassent également à la prérogative de tels tribunaux. La multiplication excessive de tribunaux semblables seroit d'un prodigieux embarras, qui arrêteroit la marche de la législation criminelle. Préférons plutôt l'intérinement juridique , qui se feroit à une cour souveraine des lettres de cachet , sollicitées par des parens , en vertu desquelles ils pourroient faire saisir sur le champ l'individu qu'ils veulent corriger ; mais cet individu seroit écouté par la cour souveraine ; mais une chambre secrète des magistrats qui la composent recevroit les preuves qu'on fourniroit de part et d'autre , et pourroit ordonner ou refuser l'ultérieure exécution de la lettre de cachet. Le seul inconvénient d'une telle disposition législative ; seroit de communiquer au procureur du Roi , qui est naturellement chargé de poursuivre la vindicte publique , de lui communiquer , dis-je, la connoissance de quelque crime , sur laquelle son ministère devroit faire agir la rigueur des lois ; mais pourquoi la sévérité des lois seroit-elle illégitimement coarctée , par une lettre de cachet , qui ne prononce que l'emprisonnement ? Le plus beau droit des rois n'est-il pas de faire grâce ? Ne sont-il pas intéressés à ne pas abuser de ce droit, parce que cet abus multiplieroit les crimes, en faisant espérer l'impunité ? Les lettres de cachet n'auroient alors plus rien d'odieux. Ce seroient des actes de la bienfaisance du monarque ; lorsque cette bienfaisance auroit été poussée trop loin, en ce qu'une lettre de cachet ne feroit qu'ordonner l'emprisonnement d'un homme, dont le crime est trop grave, pour n'être point exemplairement puni, la cour souveraine remontreroit au monarque qu'on a abusé de sa bonté, et qu'il importe de livrer le criminel au fer vengeur de la justice.

Concluons que le cas énoncé où les lettres de cachet paroissent utiles ne peut autoriser la faculté de porter atteinte à la liberté des personnes, puisqu'il est facile de pourvoir à ce cas, sans violer cette liberté.

Seconde Vérité.

Un attribut essentiel de la souveraineté est de faire observer la justice civile ou criminelle : donc, le monarque est le premier magistrat de son royaume ; mais il n'auroit plus ce titre de magistrat, si méprisant les formalités, il donnoit des ordres contre un citoyen sans l'entendre ; qui dit magistrat, dit homme juste, et faisant observer la justice. Comment peut-on être juste, si l'on ne tient la balance où d'un côté seroient pesés les motifs d'accusation, de l'autre côté les réponses et les preuves fournies par l'accusé ? Malheureusement les rois n'ont guères le temps d'exercer cette magistrature souveraine qui leur appartient ; ils ne sauroient même l'exercer que publiquement : autrement la nation n'auroit pas toujours confiance en leurs jugemens, qu'elle pourroit soupçonner d'avoir été déterminés par d'autres qui ne sont pas le roi.

TROISIÈME VÉRITÉ.

L'ordre ou le jugement en vertu duquel un citoyen est privé de sa liberté, ne peut être rendu que par un magistrat ou un corps de magistrats, dont la justice n'est offusquée par aucun voile, et auquel les citoyens donnent leur confiance.

Dans toute l'Europe on néglige trop le soin de former et de choisir des magistrats éclairés et incorruptibles. Aussi les citoyens redoudent les injustices des tribunaux, tremblent devant eux, se plaignent amèrement de la ruine qu'on éprouve dans le sanctuaire des lois ; il me semble que le vœu général seroit satisfait, si la législation civile et criminelle étant utilement réformée, les études de jurisprudence étant facilitées, et sévèrement exigées des hommes de robe, les magistrats étant nommés dans chaque province, d'après le choix qu'en auroit fait le peuple dans les communes, ou dans les assemblées provinciales, ne devant rien à la vénalité des charges, recevant de la nation elle-même un salaire convenable, afin d'avoir toujours la force d'être incorruptibles, n'exigeant point d'épices, ayant reçu du monarque la confirmation de leur élection, se trouvant assez à portée des justiciables, étoient ainsi déclarés inamovibles, si ce n'est pour les cas de forfaiture. C'est à de tels magistrats qu'est due une entière confiance ; c'est à eux qu'il appartient de décider de la fortune, de la liberté, ou de la vie de leurs concitoyens.

Quatrième Vérité.

Il est des cas où la politique exige qu'on puisse attenter à la liberté d'un citoyen sans user de formalités ; mais dans ces cas rares, il faut que le défaut de formalités soit bientôt réparé, plus ou moins suppléé.

La seconde partie de cette proposition est nécessairement liée à la première : c'est *conditio sine quâ non* ; autrement tout ce que j'ai précédemment établi en faveur du droit sacré de la liberté croîtcroît ; ce qui ne peut pas être.

Dans tous les pays où les lois criminelles sont en vigueur, on peut arrêter sans formalité judiciaire préalable un homme qui lève le bras pour commettre un meurtre, ou qui est surpris commettant un crime. Suivant les lois des douze tables, un citoyen qui surprenoit un autre citoyen commettant un vol, pouvoit le saisir et le retenir pour esclave.

Quoi ! la sécurité d'un individu, le respect qui est dû à sa propriété, ont paru être des motifs suffisans pour priver de sa liberté un autre individu, sans user de formalités ; et il ne seroit point vrai que la sécurité de la société dépendant des opérations du gouvernement, les avantages publics dont le gouvernement s'occupe, qui sont une propriété respectable de la société, la sécurité du monarque, la sécurité des ministres, ou d'autres motifs politiques urgens autorisent à priver un citoyen de sa liberté sans formalités. Tout ce qui blesse le gouvernement blesse la chose publique et doit être écarté, puni plus promptement, plus rigoureusement que ce qui blesse les particuliers : telle est la voix de la raison, on ne sauroit en douter.

Mais dès l'instant qu'on a enlevé par de

tels

tels motifs un citoyen à sa famille, la cour souveraine de justice doit en être informée par ordre du roi ; elle doit vérifier si les griefs que peut faire valoir un ministre outragé, méritent punition ; car les ministres doivent être respectés, comme étant les premières personnes de l'état après celles des princes. Leur offense doit être plus rigoureusement vengée que celle d'un simple particulier : la dignité du trône l'exige.

Si le roi qui a ordonné l'emprisonnement d'un citoyen a été induit en erreur, si les ministres qui l'ont sollicité, pour venger des griefs personnels, se sont trompés, et ont occasionné une injustice, il seroit indigne du roi, indigne de ses ministres de ne point accorder des dédommagemens suffisans à l'homme enlevé de son toît domestique par une violence qu'il ne méritoit point. Un honnête homme est sujet à l'erreur ; mais il s'empresse de réparer les injustes préjudices qu'il a causés. Les rois, les ministres ne sont-ils pas hommes ?

D'après les réflexions et les vérités que nous venons de tracer, il est évident que deux lois fondamentales doivent être nécessairement posées dans tout bon gouvernement. La première doit établir qu'il ne sera jamais porté atteinte à la liberté des personnes, sans

F

des ordres émanés des ministres des lois, ordres qui supposent des preuves ou des motifs suffisans pour s'emparer d'un individu, ou sans l'ordre du monarque, qui ayant transgressé les formalités exigées par les lois, remet promptement entre les mains des magistrats le citoyen emprisonné, pour qu'ils examinent les motifs de sa détention. Seconde loi : c'est celle qui concerne les propriétés ; celle-ci est assez suivie, ou du moins assez connue en général.

La raison politique doit dominer dans toute administration d'un état, comme la raison suprême domine l'univers, comme la raison civile dispose de la fortune de chaque particulier. Il est des cas où, pour maintenir le bon ordre dans un royaume, il faut que le monarque use de son pouvoir, en se dispensant de suivre les formalités prescrites par la loi. Cette règle, ne la puisons pas dans les fastes des empires monarchiques ou despotiques, mais dans ceux de la plus fameuse république dont nous ayons l'histoire. A Rome les lois devenoient muettes, on attribuoit un pouvoir absolu à un dictateur, et on rendoit ainsi hommage au milieu d'une république à la nécessité qu'il y a d'être gouverné par un seul, dans les cas où le salut général pouvoit être compromis : *Ne quid detrimenti respublica caperet.* La nation n'étoit plus alors regardée comme un corps sain, dont le régime s'entretenoit suivant des goûts naturels ou l'instinct des besoins : c'étoit un corps ulcéré dont quelques membres devoient subir les atteintes du fer, un corps dont les convulsions pouvoient conduire à la frénésie, et qu'il falloit soigner par des moyens alternatifs de douceur et de sévérité.

Je veux qu'on me pousse ici dans les derniers retranchemens : on me demandera qui doit juger ces cas où l'usage du pouvoir absolu est nécessaire : je répondrai : Dans une république, c'est le sénat ; dans une monarchie, c'est le monarque. D'après cette réponse, il semble que nous voilà retombés dans le risque des abus du pouvoir souverain, contre la liberté naturelle des personnes qu'il importe tant de garantir ; mais dans ma réponse même on doit deviner le sens d'une modification qui pourvoit aux inconvéniens d'une telle décision ; dans une république, ai-je dit, c'est le sénat, ou si l'on veut, les représentans de la nation : c'est donc la nation elle-même, c'est l'universalité des citoyens qui s'est imposée elle-même le joug qu'elle subit ; elle ne peut s'en plaindre ; d'ailleurs, le dictateur n'excerçant son pouvoir que pour un temps limité, peut être forcé, après l'expiration de son pouvoir, à rendre compte des excès qu'il a commis.

Dans une monarchie, au contraire, la loi fondamentale pour le régime ordinaire de la nation, exigeant comme ailleurs qu'on respecte les droits sacrés de propriété et de liberté naturelle, exigeant qu'on soumette aux ministres de la justice toutes les atteintes portées à ces droits sacrés, le monarque, auquel il appartient de s'élever au-dessus des lois et d'exercer une espèce de dictature dans les occasions extraordinaires, n'est point ensuite dépouillé de ce pouvoir, n'est point forcé à rendre compte des abus qu'il en auroit faits. Le monarque est vraiment un dictateur perpétuel ; mais il seroit injuste, déraisonnable, qu'il exerçât un pouvoir au-dessus des lois, hors les occasions extraordinaires et les cas pressans.

Quoiqu'un monarque ait juré d'observer les lois fondamentales, il n'a point contrarié ces lois, pour s'être servi du pouvoir absolu dans des circonstances urgentes, parce que la première loi fondamentale de toute administration publique, est de procurer le salut du peuple : *Salus populi, suprema lex :* mais la même raison qui autorise le monarque à s'armer ainsi quelquefois de la foudre, l'oblige, dès que l'orage a cessé, à ne faire régner que la bienfaisance sur toute l'étendue de sa domination, l'oblige à revenir à tous les actes de justice qui ne sont vraiment tels qu'en étant réglés par la loi.

Puisqu'après la cessation des troubles publics, le monarque garde encore son pouvoir, et ne perd point son droit de dictature, il doit garder encore mieux sa raison, sa justice ; cette raison l'invite à faire reprendre aux lois leur empire, à communiquer aux ministres de ces lois tous les ordres particuliers qu'il a crus devoir faire exécuter dans des temps d'une violente crise : alors les véritables coupables sont encore punis au nom de la loi ; les innocens qu'une erreur a confondus dans la classe des coupables, sont restitués dans leur honneur, qui a été blessé, et reçoivent toutes les réparations qui leur sont dues : réparations que le gouvernement doit se faire une gloire d'accorder. Pourquoi les rois et les ministres refuseroient-ils de rendre cet hommage à la justice, et, qu'on peut dire, dû à la Divinité ? Devant la Divinité suprême, ils doivent avouer qu'ils sont hommes et peuvent se tromper ; leur dignité n'y perdra rien : ils n'en paroîtront que plus grands, que plus aimables aux yeux de la nation.

Il semble que toutes les fois qu'une nation

soumise au pouvoir monarchique a éprouvé une secousse violente, ou des convulsions extraordinaires, une assemblée des états-généraux convient au parfait rétablissement de l'ordre. Dans cet échange de lumières qui se fait entre les dépositaires de l'autorité et les sujets, dans cette communication familière qui a lieu entre eux à la suite de quelque événement dont la nation entière a été affectée, se fomente de plus en plus l'amour du peuple pour son prince, et du prince pour son peuple ; il s'établit un commerce d'affections, d'où la nation tire sa plus forte énergie, et l'état sa plus grande splendeur.

Les cas extraordinaires où l'usage du pouvoir absolu est indispensable, sont, je l'avoue, difficiles à assigner ; mais cette difficulté ne vient point de la non-existence de ces cas : l'usage d'un tel pouvoir est, je crois, plus souvent utile, même nécessaire, lorsque la législation et la manière dont les tribunaux sont composés, ou la justice administrée sont infectées des plus grands vices : il l'est encore lorsque les bornes des pouvoirs subalternes, n'étant point clairement fixées, ces pouvoirs tendent à égaler le pouvoir souverain (1) : mais toujours les atteintes

____

(1) Commencez de pourvoir à ce que nos lois soient telles qu'elles doivent être, à ce que l'admi-

portées à la liberté des citoyens doivent être soumises aux formes légales, si ce n'est dans un moment pressant, du moins postérieurement.

Refuser dans tous les cas au monarque l'usage du pouvoir absolu, ce seroit attirer l'aristocratie ou l'anarchie qui se tiennent par la main, et sont également funestes. Je préfère à tout autre pouvoir celui du monarque, parce que je préfère dans une famille le pouvoir unique du chef, à une autorité qui seroit arrêtée, annullée par les contradictions de ses subordonnés, parce que je préfère le pouvoir d'un Dieu unique régissant l'univers, au pouvoir d'une foule de divinités dont les Païens ont imaginé de peupler l'Olympe.

Autant il m'a été facile de montrer combien sont dangereuses les violences du pou-

---

nistration de la justice soit aussi dans tous les points telle qu'elle doit être, vous serez alors mieux fondés à dire, qu'un citoyen ne peut être décrété que par l'ordre des magistrats. Les tribunaux ne sont utiles qu'en tant que les lois sont bonnes, et la bonté des lois n'est rien sans leur exacte exécution : quand on sera bien assuré de toutes ces choses, on parlera de la liberté du citoyen, qui n'est une juste liberté, qu'en tant qu'elle est suivant les lois : autrement on n'auroit parlé que de licence, en croyant parler de liberté.

F 4

voir absolu , autant j'ai dû trouver embarrassant d'assigner les cas où l'usage de ce pouvoir est véritablement nécessaire : en général
il faut éviter d'employer un tel pouvoir ;
mais quelquefois aussi l'usage en est au moins
utile. Ces deux vérités tiennent l'une à l'autre , comme les extrêmes se joignent de près
dans l'ordre moral et dans l'ordre physique :
c'est pourquoi j'ai dû articuler celle de ces
vérités dont tout le monde est convaincu,
à côté de l'autre , que la plupart de nos politiques refusent d'admettre : mais pour trancher toute difficulté , je ne crains pas d'a-
vancer qu'un souverain est louable d'user du
pouvoir absolu , lorsqu'il n'en use que pour
ordonner quelque chose qui soit évidemment
juste ou utile , mais de cette évidence qui
frappe tous les esprits raisonnables : peut-
être encore aura-t-on peine à me croire sur
ce dernier point, si l'on ne sent pas assez
l'empire que la justice, cette fille du ciel ,
doit exercer parmi les hommes....

Eh bien ! qu'on assemble la nation la plus
fière , la plus impatiente du joug arbitraire ;
que son monarque la consulte , lui laisse décider avec confiance tous les points relatifs à
l'administration intérieure de son royaume :
qu'il dépose entre ses mains tout le pouvoir
absolu , comme si aucun usage de ce pouvoir

ne lui étoit réservé ! Mais quand tout sera
réglé par l'auguste assemblée , et qu'elle sera
sur le point de se dissoudre , que le monarque , entouré de tant de petits rois qu'il préside , ose en face de tous reprendre un pouvoir qui lui appartient : il me semble l'entendre leur disant :

Vertueux citoyens assemblés sous mes auspices , vous avez été justes dans toutes les dé-
libérations que vous venez de prendre pour le
continent où vous habitez : je les ai sanctionnées avec joie : mais au de-là des mers , dans
un autre hémisphère , sont aussi des sujets
soumis à mes lois ; ils sont vos frères , parce
qu'ils sont hommes : ma justice doit s'étendre
jusqu'à eux : j'abolis leur esclavage ; j'abolis
le code noir , parce qu'en effet je ne trouve
rien d'aussi noir que l'attentat par lequel on
tient à la chaîne une multitude d'hommes
sans qu'ils aient commis de crimes. M'objec-
terez-vous le droit de ces propriétaires qui
ont acheté leurs semblables ? Mais dans combien de réclamations n'avez-vous pas déjà reconnu que le droit de liberté naturelle étoit
antérieur , supérieur à celui de la propriété ?
Cependant je veux qu'on pourvoie à l'intérêt
de ces propriétaires par les meilleurs moyens
que vous aviserez. Si, pour opérer cette com-
pensation , il faut aliéner une partie des biens

domaniaux attachés à ma couronne, j'y con-
sens ; et pour cette fois dira-t-on que mon
domaine est inaliénable, s'agissant d'un aussi
noble emploi, s'agissant de restituer un droit
de liberté bien plus véritablement inaliénable ? Décidez si désormais les commerçans
auront parmi vous, dans les futurs états-
généraux, un droit de représentation. Pourquoi n'y seroient-ils pas admissibles, quand
une tache qui dégradoit tellement le commerce étranger sera effacée ? Auparavant dans
des assemblées consacrées à reconnoître les
droits de l'humanité, on ne pouvoit admettre
des loups et des tigres, et des commerçans
armés du code noir y auroient figuré comme
tels, malgré les vertus personnelles qu'ils
peuvent avoir.

Vous n'avez point des lois positives que
celles que je revêts de mon autorité : or, je
vous déclare que dans mes états les lois qui
autorisoient l'esclavage des nègres n'existent
plus : elles sont privées de ma sanction : je
donnerai asyle à tout homme, de quelque
couleur qu'il soit, lorsqu'il fuira ses tyrans :
je ne veux commander qu'à des hommes
libres.

A ces mots, je vois l'assemblée nationale
saisie d'un secret frémissement : elle hésite.
Les objections, les réclamations vont s'éle-

ver : mais elles meurent sur les lèvres de ceux qui voudroient oser parler. Au silence occasionné par cette situation des esprits, succède une acclamation générale : c'est notre roi, c'est notre souverain, il consacre les droits de la liberté naturelle. Que son pouvoir soit à jamais béni : que les générations futures sachent qu'une évidente justice a toujours eu sur les cœurs d'une nation assemblée l'ascendant qui lui appartient.

CHAPITRE V.

De l'influence de la religion sur les mœurs, sur la paix intérieure et la stabilité d'un état monarchique.

Un écrivain ne seroit pas digne de s'occuper de législation, s'il n'avoit assez réfléchi sur un sujet aussi important pour comprendre que Dieu seul est vrai législateur. De même un physicien n'a pas long-temps étudié la nature, sans comprendre qu'un Être-Suprême est seul créateur, seul conservateur : de même un philosophe ne sauroit s'arroger ce nom, s'il ne comprend que Dieu est le seul juste rémunérateur des vertus, le seul juste vengeur des crimes. De quelque côté que notre raison s'exerce, elle rencontre toujours la Divinité, toujours puissante, toujours admirable, toujours ramenant tout à elle-même, se montrant par-tout cause première et nécessaire.

Pourquoi donc les hommes se sont-ils mêlés de faire des lois ? Pourquoi dans leur tête autant organisée pour l'erreur comme pour la vérité, ont-ils arrangé des formes de gouvernemens qui sont plus ou moins défectueuses, ainsi que nous l'avons ci-devant remarqué ? N'est-il pas évident qu'aucune forme de gouvernement par eux imaginée ne sauroit assurer la tranquillité publique, si des lois religieuses ne suppléent à l'insuffisance de celles qui n'ont pour garant qu'une autorité humaine ? Soyons conduits par des chefs, ou par des juges, ou par des rois : mais n'oublions pas que toute espèce de gouvernement doit participer en quelque sorte de la théocratie.

La religion ne seroit point respectable, ou plutôt elle seroit superflue, si elle n'offroit des vues plus sublimes que n'en offre la raison des hommes. Cette raison est trop sujette à l'erreur, et se montre ainsi variable, tandis que les préceptes religieux sont invariables : voilà leur premier degré de sublimité. La raison humaine ne paroît éclairée que lorsqu'elle est calme et froide : échauffez le cœur des hommes, ils s'élèvent au-dessus de la raison, ou restent fort au-dessous ; ils deviennent des héros, des hommes de génie, ou bien des fous, des fanatiques, des méchans célèbres. L'héroïsme des vertus n'appartient donc point à la raison : la religion en est la principale source.

Telle est encore la supériorité de la religion sur la raison humaine : mille passions assiégent les hommes, les conduisent au crime ; la raison est pour eux un frein impuissant, la religion est le seul frein qui puisse les réprimer. Otez la Divinité, toute la nature est anéantie : ôtez l'Être souverainement parfait, toutes les imperfections, les vices, les crimes atroces, les désordres affreux vont ne former qu'un gouffre où tout se précipite : une ruine universelle s'écroule pêle-mêle comme dans un vaste tombeau qui l'engloutit.

Avant d'insister davantage sur la nécessité d'admettre l'influence de la religion, sur-tout dans un gouvernement monarchique, examinons comment la religion qui, si elle s'élève au-dessus de la raison, doit aussi marcher de concert avec la raison, examinons, dis-je, comment la religion veut qu'à un monarque soit sans cesse réservée une partie de la légis-

lation qui ne sauroit être rédigée ; car on rédige plus aisément les lois que les sujets doivent suivre, que celles auxquelles les rois
doivent se soumettre. Ainsi nous aurons ap-
profondi pourquoi la religion ordonne de respecter les puissances de la terre, ou plutôt
examinons la précédente question au flambeau
de la raison. L'usage de notre raison n'est-il
pas une espèce de religion, puisque la raison
émane de la Divinité ?

Quels que soient les préceptes généraux
bien connus et bien faciles dans l'art de gouverner les peuples, la pratique de cet art est
encore difficile. Il est souvent périlleux pour
un monarque de prendre le parti de la douceur, là où il faudroit s'armer de la plus
grande fermeté, de la plus grande rigueur.
D'autres fois, au contraire, il est dangereux
d'user de rigueur, là où le parti de la patience, de la clémence seroit infiniment préférable. Que j'aime à voir dans ces occasions
critiques un monarque bienfaisant se pros-
terner devant la Divinité, en implorer le
secours ! Où faut-il recourir lorsqu'on est au
bout des ressources de l'esprit humain ? La
religion n'est-elle bonne à rien, au défaut de
la raison ? Pourquoi nous refuser à croire
que des grâces inespérées vont descendre du
ciel pour secourir les bons rois, lorsque

le poids de la royauté paroît les surcharger ?

Que les rois sont à plaindre, lorsqu'avec les meilleures intentions, cherchant les meilleurs conseils, ils prennent un parti faux dans des circonstances critiques ! ici les livres les plus sages, ces conseillers impartiaux ne leur sont presque d'aucune utilité : nulle règle ne peut leur être tracée d'avance, elle ne peut être dictée que par les circonstances. Si un roi peut ne tout voir par lui-même, et par cette raison ne peut avoir, pour ainsi parler, le tact des circonstances, le plus grand bonheur qui puisse lui arriver, est d'appliquer aux affaires de l'état un ministre qui soit doué de ce tact précieux.

Il est des circonstances auxquelles il faut nécessairement céder, (1) où des punitions rigoureuses et subites occasionnent les plus grands maux dans l'état ; (2) d'autres où il faut retrancher, écarter sans ménagement quelque membre pour empêcher que le corps entier ne périsse ; (3) d'autres où la paix ne s'obtient que par des démarches pacifi-

----

(1) *Quibus parere omnes politici præcipiunt.* Cicer. *a l Attic. XII, epist. I.*

(2) *Ut subita coercitio plus damni in rempublicam ferat.* Tacit. *III, annal.*

(3) *Ure, seca, ut membrorum potiùs aliquod, quam totum corpus intereat.* Cicer. Philip. *IX.*

ques ; (1) d'autres, où le repos de l'état ne
peut se devoir qu'à la crainte inspirée, par
les forces militaires qu'on se dispose à employer contre ses ennemis ; (2) d'autres enfin, où en usant de patience, en temporisant, tout s'arrange de lui-même. Ce dernier
moyen doit être le plus souvent utile, comme
en médecine le repos sert plus aux guérisons
que les remèdes actifs (3).

Dans l'incertitude où peut se trouver un
monarque, s'il doit prendre un parti violent
pour faire cesser les troubles qui l'environnent, ou si la patience et la douceur sont les
moyens qui lui conviennent mieux, la religion de concert avec la raison lui indique des
deux partis douteux lequel est préférable.
Qu'un monarque est alors heureux de trouver dans son cœur une religion qui lui inspire la plus grande modération : avec des intentions droites, et qui ne tendent qu'au bien
du peuple, que risquera-t-il de suivre les
voies de la patience, de la douceur, de la
clémence ? Je suppose qu'il ne veut faire régner que la vérité : or, qu'il attende tout de

______

(1) *Arma armis irritari.* Plin. *Paneg.*
(2) *Si vis pacem, para bellum.*
(3) *Scio medicos plus interdùm quiete, quam mo-
vendo et agendo proficere.* Livius. *XXII.*

l'empire

l'empire que la vérité prendra d'elle-même ; si dans des conjonctures extrêmement difficiles, il se sent insuffisant à tenir le gouvernail de l'état, que sans l'abandonner il le confie pourtant aux mains de l'Être-Suprême, qui fera triompher la vérité.

Règle générale : Ce qui est vrai, ce qui est bon, ce qui est réellement utile, ne subit point des altérations par le changement des temps. On parvient toujours à le faire reconnoître par la multitude pour vrai, pour bon, pour utile, à moins qu'il ne s'agisse de quelque genre d'utilité qui n'est relatif qu'à des circonstances passagères, et dont les effets manquent, lorsque les circonstances ont changé. Cela supposé : lorsqu'un monarque ou ses ministres auront conçu et commencé de faire exécuter un projet de réforme quelconque dont ils auront bien réfléchi et reconnu la grande utilité, peu importe que la multitude se récrie d'abord contre l'innovation : peu importe que les ennemis du gouvernement ou les ennemis personnels d'un ministre, ayent cherché à décréditer le projet, en tâchant de décréditer la personne qui l'a conçu, et en débitant des propos vrais ou calomnieux : ces inculpations particulières tombent ou deviennent inutiles, ou ne frappent que sur le sort personnel du ministre ,

G

parce que le public n'a affaire que de ce qui est avantageux ou nuisible à la multitude.

En temporisant on fait changer d'avis au public ; il reconnoît à la fin ce qu'il auroit dû reconnoître au premier instant ; l'instabilité de l'opinion publique cesse : (1) la multitude bénit la main contre laquelle elle s'étoit révoltée : il ne s'agit donc que d'opposer au peuple une certaine fermeté, et d'empêcher que ses premiers mouvemens séditieux ne soient enhardis par des chefs (2).

Je ne désavoue point qu'en général les innovations ne soient à éviter, et qu'il ne vaille mieux suivre une législation anciennement établie, que d'en introduire une nouvelle, quoique meilleure. C'est ce que disoit Auguste au sénat romain ; (3) mais cette vérité n'empêche point qu'on ne doive admettre l'autre vérité, consistant en ce que certaines lois doivent être changées suivant les circonstances. Le précepte de fuir prudemment toute innovation n'est plus recevable, lors-

______

(1) *Vulgo nihil incertiùs.* Cicer. *pro Murena.* Non *dilectu aut sapientiâ ducitur ad judicandum, sed impetu et quâdam etiam temeritate.* Idem. *pro Planco.*

(2) *Nihil ausuram Plebem, principibus amotis,* Tacit. *I, annal.*

(3) *Dioc. Cass. LIII.*

que les maux produits par la législation précédente sont très-graves et en très-grand nombre. Ce n'est plus alors un corps de législation qu'il faut respecter, conserver malgré
quelques difformités ; ces difformités étant
en trop grand nombre, offrent aux yeux
épouvantés un monstre qu'il faut détruire.
S'il est dangereux de le détruire d'un seul
coup, il faut le détruire avec cette prudence qu'employa Auguste lui-même, qui
sentoit d'ailleurs que l'énergie du pouvoir
souverain s'évanouiroit, s'il remettoit tout au
sénat (1).

Quelque suspecte que puisse paroître l'o-
pinion d'Auguste, touchant des vérités utiles
au pouvoir monarchique, ces vérités sont
d'elles-mêmes évidentes, et ont été reconnues pour telles par des hommes impartiaux.
Il est dangereux, disoit Tacite, (2) que la
volonté d'un sujet puisse s'élever au-dessus de
celle du prince. Aristote (3) avoit depuis
long-temps reconnu que la plus sûre sauve-

______

(1) *Neu vim principatus resolvas, cuncta ad se-
natum revocando.* Tacit. *I, annal.*

(2) *Periculosum privati hominis nomen suprà
principis attolli,* Tacit. *in agricol.*

(3) *Communis custodia monarchiæ, neminem quid-
quam magnum facere.* Aristot. *V. polit. cap. XI.*

garde de la monarchie , étoit d'empêcher qu'il y eût personne dans le royaume qui eût un trop grand pouvoir.

Concilions donc avec le pouvoir souverain du monarque , les pouvoirs intermédiaires qui affermissent le règne des lois fondamentales de l'état. Entre ces sortes de pouvoirs dont le premier doit dominer les autres, être modéré par eux , mais jamais égalé ni dominé , s'il survient un balancement produit par des circonstances périlleuses , nous voyons alternativement la raison et la religion diriger le monarque pour le bien de la monarchie. Eh ! pourquoi n'aurions-nous parlé des époques de trouble et de calamité , en examinant l'influence de la religion ? N'est-ce pas dans les malheurs publics , que l'homme est porté à élever ses mains suppliantes vers le ciel ?

De même que la religion du prince, autant que celle des sujets , contribue à prévenir et à calmer les désordres qui naissent dans un état , en inspirant à tous un esprit de concorde et de modération , de même elle prescrit au prince , qui dans des occasions délicates se trouve forcé à des actes de rigueur, elle lui prescrit, dis-je, de n'employer qu'avec justice ces actes de souveraineté : elle empêche la tyrannie , lors-même que l'usage du pouvoir absolu semble être nécessaire.

Que les zélés partisans de la liberté se rassurent, malgré tout ce que j'ai dit touchant l'influence de la religion, sur l'opinion qu'on doit avoir de l'autorité souveraine. La même religion me dicte le sens du principe sur lequel j'établis la théorie de la rédaction des lois. C'est assurément rendre hommage à la divinité, que de la reconnoître pour seule législatrice, de dire qu'il n'y a véritablement aucune puissance législative sur la terre, que les rois n'ont que la puissance exécutive des lois émanées de la Divinité. Il est certainement fort religieux de ramener le gouvernement monarchique à une espèce de théocratie. J'expliquerai ci-après, dans quel sens les rois ne peuvent être législateurs ; ce qu'il ne faut point entendre trop littéralement : je prouverai ainsi, que les écrivains qui ont distingué la puissance législative de la puissance exécutive, se sont trompés, puisqu'au fond les lois sont déjà faites, et il ne s'agit que s'y conformer.

Qu'on ne se tourmente donc plus à rechercher comment la législation remise à un seul, offre des inconvéniens, et d'un autre côté la nation est incapable de former un code assez étendu, parce que la multitude ne peut se conduire elle-même et doit avoir un guide.

La Divinité a prévu cette difficulté , consistant en ce que des lois qui conviennent à tous
ne peuvent être l'ouvrage de la réunion de
tous : ces lois existent d'avance indépendamment de cette réunion ; mais l'assemblée d'une
nation représentée par ses états-généraux, est
le lieu où les lois qui ont précédé les sociétés , et sans lesquelles les sociétés seroient
malheureuses , où ne pourroient subsister,
sont infailliblement reconnues.

Je ne parlerai point ici du christianisme,
ni des vertus qu'il enseigne ; j'en ai assez
dit ailleurs sur les rapports qu'il a avec une
bonne législation : c'est maintenant justifier
ce que j'ai cru devoir en dire , que d'examiner seulement en général l'influence de la
religion sur la tranquillité publique et sur les
gouvernemens.

Aristote recommandoit à tous ceux qui
sont préposés au gouvernement d'un peuple,
de s'attacher , premièrement , à établir et à
maintenir le culte envers Dieu. (1) Xénophon
fait dire à Cyrus, que si tous les serviteurs
de sa maison craignent la Divinité , il n'en
sera que plus certain de leur fidélité et de
leur bonne conduite : il en est de même des

____

(1) *Primùm est curatio rerum divinarum. Aristot.*
VII. polit. cap. VIII.

sujets d'un monarque. S'ils sont religieux, ils sont bien éloignés de la disposition à la révolte : ils sont bien plus faciles à gouverner ; ils ont horreur du crime : la bonne foi préside à tous les contrats et à leur exécution.

Si on s'est plu à vanter, ou, au contraire, à blâmer le christianisme, de ce qu'il rendoit les hommes plus faciles à être gouvernés, il ne faut pas oublier cette observation faite par des Païens, savoir : que les honnêtes citoyens, les hommes vertueux se soumettent plus volontiers à l'autorité que les méchans : *Facile imperium in bonos* (1) ; ôtez le frein de la religion, disoit Moyse (2), la vie des hommes ne sera que folie, crime et barbarie. Il est vrai que rien ne domine plus violemment et plus dangereusement le peuple que la superstition ; il faut la détruire avec soin ; ce sont plutôt les hommes religieux que les gens superstitieux qu'on gouverne facilement. Le superstitieux n'est jamais tranquille, suivant le témoignage de Cicéron. Le même orateur philosophe attribue les plus grands succès des Romains à leur piété envers les dieux (3).

____

(1) *Plaut. milit.*
(2) *Exod. lib. cap. VIII.*
(3) *Romanos non calliditate aut robore, sed pie-*

Pour le bonheur d'une nation, il faut qu'on n'y adore qu'un seul Dieu, qu'il n'y ait qu'un seul culte, un seul Roi, des lois uniformes : en observant ces principes vrais, on en recueille les plus grands biens, et si on s'en écarte, il s'en ensuit de grands maux : le bonheur est attaché à la suite de la vérité, comme les malheurs servent d'escorte à l'erreur.

Diodore de Sicile (1) rapporte l'exemple de ces rois égyptiens, qui avoient introduit à dessein, dans leurs états, diverses religions, espérant que la multiplicité des cultes empêcheroit qu'il y eût jamais une conspiration générale d'une partie des sujets de l'état contre l'autre partie. L'Angleterre a suivi cette politique, d'où il s'est ensuivi que la pluralité des sectes s'est réunie pour vexer les adorateurs du vrai culte. Il eût été bien plus simple et plus sage de se borner à réprimer les excès où s'étoient portés les partisans du vrai culte, et à éteindre les superstitions.

Aristote disoit à Alexandre (2) qu'on regardoit chez toutes les nations comme une

---

tate ac regione omnes gentes nationesque superavisse.
Orat. de aruspic. respon.

(1) Lib. II.
(2) Rhetoric. ad Alexand.

chose criminelle et infame, de violer le culte reçu dans la patrie, ou d'y introduire quelque changement. Mécène avertissoit Auguste (1) de ce qu'il lui importoit d'honorer la Divinité en toute manière, en tout temps, suivant les lois du pays, et de pourvoir à ce que ses sujets fussent exacts au même culte. Cicéron (2) pensoit qu'il étoit très-sage de ne rien innover dans le culte ancien. Le même Mécène vouloit qu'on poursuivît tous les novateurs en matière de religion, non-seulement pour venger les dieux, mais parce que ces novateurs donnoient lieu à des révolutions : ils étoient, disoit-il, propres à des conjurations, à des séditions ; ils étoient portés à former des conciliabules, d'où naissoient les troubles de l'état (3). Sénèque attestoit que dans tous les pays on punissoit de quelque manière les violations du culte (4) ; ce qui ne doit s'entendre que des outrages publics faits à la religion reçue, et jamais des opinions ou des actes privés ; car il n'appartient point aux gouvernemens de descendre dans les consciences des particuliers : c'est

------

(1) Voyez Dion. Cass. liv. LII.
(2) De divinat.
(3) Dion. Cass. ibid.
(4) Senec. de benef. III. c. VI.

un champ de réserve qui n'appartient qu'à la Divinité. (1) Les lumières qui se sont répandues à l'entour du monarque français l'ont convaincu de ces vérités importantes ; ce n'est point à lui qu'il est besoin de rappeler ce principe législatif, ainsi tracé par Plutarque (2) : *La religion est la base de la justice, ainsi que le lien et le ciment de toute société. Il me paroît évident qu'il seroit plus facile d'établir une république sans le sol qui doit la porter, que d'en établir une ou la maintenir sans la religion.*

L'unité du culte public rendu à la Divinité tient essentiellement à la nature de la monarchie : pour qu'un peuple soumis au gouvernement monarchique puisse être heureusement gouverné, il faut que la vertu puisse s'y répandre parmi tous les sujets, comme la justice doit être distribuée parmi eux tous. La justice distributive doit être rendue au nom du monarque ; mais la vertu doit étendre son empire au nom de la Divinité : d'un côté les ministres des autels, de l'autre les minis-

---

(1) *Tacere liceat, nulla libertas minor à rege petitur.* Senec. OEdip.

Nemo perinde animis imperare potest, ac linguis. Curt. lib. VII.

(2) Plutarch. contra colot.

tres de la justice remplissant leurs augustes
fonctions, représentent en quelque sorte la
Divinité ; mais comme la justice est la reine
des vertus, il convient, pour qu'elle soit suivie dans chaque gouvernement, qu'un représentant principal de la Divinité soit le chef
des autres représentans subalternes préposés
à faire rendre à chacun ce qui lui est dû.

C'est décréditer dans une monarchie le
culte dominant, que d'y permettre la concurrence d'un culte différent : car un seul
chef de l'état peut-il approuver de bonne foi
deux religions différentes ? c'est même décréditer toute vertu dont la religion est la
base. Chez une nation l'existence des cultes
privés différens du culte dominant, doit servir en quelque sorte à la gloire de celui-ci ;
car c'est une gloire de ne point violenter les
consciences.

Le culte dominant est censé le seul reçu
parmi les citoyens d'un état monarchique : les
sujets d'un vaste état, en recevant les premières impressions des vérités religieuses,
se forment une morale connue et adoptée par
le prince. Il est convenable que le souverain
ait une parfaite connoissance des idées principales auxquelles se rapportent toutes les
maximes suivant lesquelles ses sujets sont éle-
vés. Il monte en conséquence tous les res-

sorts pour ramener sans cesse ses sujets vers la vertu : lois criminelles , lois civiles , lois sur l'éducation nationale. En ramenant ainsi tous ses sujets à la vertu , ils les rend , pour ainsi dire , à la Divinité qui les lui avoit confiés pour les gouverner : il contribue ainsi au plus grand bonheur dont la nation et les individus qui la composent soient susceptibles.

Conclusion de ce chapitre. Il faut , comme loi fondamentale dans une monarchie , qu'on n'y admette qu'un seul culte religieux public , de manière à ne point altérer cette portion de la liberté , qui ne reconnoît que Dieu ou la vérité pour maître. C'est la liberté de la pensée , ensemble les conséquences de cette liberté qui ne nuisent point à l'harmonie nécessaire dans un état où tout doit se rapporter à un centre d'unité.

CHAPITRE VI.

Des ministres des lois et du droit de législation.

Tout le monde est d'accord à dire que la magistrature doit être un composé de juges intègres et éclairés, qui ayent la confiance du monarque et celle de la nation. Il faut qu'ils ayent la confiance du monarque, parce que le monarque est le chef magistrat, et sous cette qualité c'est une dette qu'il a contractée de rendre la justice à ses sujets : il faut qu'ils ayent la confiance de la nation, 1.º parce qu'autrement elle les soupçonneroit de ne point faire une application exacte des lois dont ils sont ministres ; 2.º parce que dans les cas où la loi semble être muette, ils sont des espèces de législateurs subalternes, et un législateur qui, suivant l'opinion publique, n'a point devant ses yeux la Divinité ou la vertu, est regardé comme un être bien dangereux pour la société à laquelle il préside.

Les lois touchant la distribution des tribunaux, touchant les pouvoirs de ces tribunaux, et sur le choix des magistrats qui les composent, sont-elles indifférentes au bien public ? elles le sont si peu, qu'on a

vu des nations sans code y suppléer en ce
que les citoyens choisissoient à leur gré des
juges pour décider leurs contestations. Ces
juges ou arbitres n'étant gênés par aucune
législation humaine positive, ne suivoient
que l'équité naturelle, et il se commettoit
moins d'injustices qu'à présent. Cet état étoit
donc le plus naturel, le plus parfait de tous.
Dieu seul étoit le législateur qui entouroit
les juges de sa présence, et faisoit entendre
sa voix à des hommes pénétrés de respect
pour cette dignité à laquelle d'autres hommes leurs égaux avoient voulu les élever.
Nous l'avons dit, il n'y a que Dieu qui soit
vrai législateur ; les hommes ont voulu se
mêler de législation, et tout a été gâté.

A quelles tristes remarques nos législateurs
nous ont-ils réduits ? C'est lorsqu'il n'y avoit
point de tribunaux qu'on avoit des juges le
plus près de soi, et qu'on n'étoit point
obligé d'aller plaider à un éloignement de
plus de cent lieues ; et cependant les législateurs ont cru établir les tribunaux pour l'u-
tilité publique : c'est lorsqu'il n'y avoit point
de tribunaux, que la justice étoit gratuite,
prompte et certaine : c'est enfin lorsqu'il n'y
avoit point de lois, qu'il y avoit plus de
justice, ou pour mieux dire, c'est lorsqu'on
ne connoissoit que les lois naturelles d'é-

quité. En cherchant à armer d'une autorité humaine les bonnes lois, on les a rédigées par écrit, et à force de les rédiger, on les a mélangées avec des lois nuisibles, de sorte que les rédiger a été s'exposer au péril de les défigurer. La malheureuse expérience de tant de siècles, en nous démontrant cette vérité, nous apprend maintenant que le point essentiel dans la rédaction des lois, est de se préserver de ce péril.

Les premiers chefs d'une peuplade ont été les juges choisis par elle, et ils étoient plus véritablement rois que ces Nemrods, chefs féroces d'une multitude armée pour subjuguer une autre multitude.

En reportant nos idées vers l'état primitif, rien n'est plus convenable à nos états civilisés, que d'y avoir des juges qui aient la confiance de la nation. Si j'avois à parler à des princes qui pussent douter de l'amour de leurs sujets, je leur dirois : Méfiez-vous des tribunaux qui sont agréables à la nation, et ne leur donnez aucun pouvoir qui excède les fonctions de juges : autrement, ils vous enleveront votre autorité ; cela est dans l'ordre des choses. Mais en parlant à des monarques aimés par leurs sujets, et qui veulent sans cesse captiver l'affection du peuple, je leur dirai ; Gagnez de nouveau cette affection, en lui donnant

des juges de confiance. Ces juges ne mérite-
ront l'attachement et le respect de la nation,
qu'en tant qu'ils affermiront votre autorité,
puisque votre autorité est la chose la plus
douce, la plus utile que les peuples puissent
souhaiter.

Je n'ai jamais compris qu'on pût approuver
sous aucun prétexte la vénalité des charges de
magistrature, parce que le mot *magistrature*
rappelle nécessairement l'idée d'une confiance
publique méritée par les magistrats avant d'ê-
tre admis à exercer leurs fonctions.

Les sujets éloignés de la cour du prince
ne sentent sa présence que par la distribution
de la justice confiée aux magistrats, ou par
l'exaction d'un impôt nécessaire pour la conservation de l'état. Ces deux moyens par lesquels le souverain étend les effets de sa puissance, jusque vers le moindre de ses sujets,
sont dans leur institution des moyens de
bienfaisance ; mais à leur place il peut s'é-
tablir deux fléaux destructeurs qui ravagent
la société ; l'un est dans l'excès et l'abus de
l'impôt ; l'autre est dans les vices de l'administration de la justice : ces deux fléaux sont
terribles : en détruisant l'un, seroit-il raisonnable de laisser subsister l'autre ? Le fléau
des impôts excessifs est en quelque sorte
moindre que celui qu'offriroit une distribution

tion de justice ruineuse , souvent tardive , ou incertaine. A la vérité , le premier de ces maux a une action continuelle ; l'autre n'attaque que par intervalles et alternativement les sujets d'un état ; mais un mal habituel qui nous énerve seulement et nous fait languir , n'est-il pas moindre qu'un mal violent qui va jusqu'à nous détruire , ou du moins nous tourmente cruellement , et lors même qu'il ne nous attaque point , nous menace sans cesse ?

Tels seroient les effets d'une mauvaise administration de la justice , et si la vénalité des charges est propre à rendre cette administration mauvaise , pourquoi ne la supprimeroit-on pas ?

Dira-t-on que dans un siècle pervers , dans un gouvernement qui de sa nature se corrompt , il importe de conserver cette vénalité pour ne pas être exposé à se soumettre à des magistrats plus mal choisis , qu'une autorité arbitraire nommeroit ? On excuseroit ainsi le mal par la crainte d'un plus grand mal ; mais on n'admet une pareille excuse , que lorsqu'il n'y a rien de mieux à faire. Quoique cette ressource en politique fût misérable , faudroit-il bien s'en contenter , s'il n'y en avoit pas d'autre.

Il se présente néanmoins très-naturellement

H

un moyen simple , pour avoir des magistrats munis de la confiance publique. Comment font les particuliers qui se méfient des juges dont les charges sont vénales ? Ils nomment eux-mêmes leurs juges ; ce sont des arbitres. Pourquoi une nation ne nommeroit-elle pas ses juges avec l'approbation du monarque ? Par exemple : l'assemblée provinciale choisi-roit au scrutin deux sujets propres à occuper une place vacante dans la cour souveraine, pour être présentés au roi , en faisant men-tion du nombre des suffrages, qu'un des deux sujets auroit eu de plus que l'autre ; il n'est pas douteux que le roi , auquel seroit réser-vée la faculté de choisir celui des deux au-quel il voudroit conférer la place vacante, préféreroit ordinairement celui qui auroit réuni le plus grand nombre des suffrages.

L'assemblée de district jouiroit du même droit pour les places vacantes , dans les tri-bunaux de première instance. Enfin , pour chaque judicature particulière , le choix éma-neroit des habitans parmi lesquels le juge doit exercer ses fonctions , et seroit ensuite con-firmé par le monarque.

Passons au second objet de ce chapitre. A qui appartient le droit de législation ? A personne , avons-nous dit. Il n'y a que Dieu qui ait pu faire des lois : combien cette vé-

rité ne rehausse-t-elle pas la dignité du magistrat ! il prononce ses jugemens au nom
du monarque ; mais réellement , en rendant la justice , il représente la Divinité ;
ainsi , le principe théorique de cet ouvrage
est totalement en l'honneur de la magistrature.

Pourquoi donc a-t-on nommé si souvent
des légistateurs ? Pourquoi les a-t-on van-
tés ? les a-t-on même déifiés ? Sans doute on
les a pris pour des dieux , parce qu'ils s'ar-
rogoient un droit réservé à la Divinité ; ou
plutôt ils ont montré une sagesse divine ,
parce qu'ils répétoient les lois de l'Être-
Suprême , lois admirables , lois faites pour
subjuguer la raison.

Le titre de législateur est-il donc un titre
vain ? Les souverains auxquels le droit de législation a paru constamment attaché ne sont-
ils que des machines dont l'intelligence est
nulle ou ne doit pas être exercée pour le bien
des peuples ? Non assurément. C'est ici où
nous expliquerons comment il ne faut point
entendre littéralement la proposition par laquelle nous avons affirmé qu'il n'y a aucune
puissance législative sur la terre : c'est ici où
nous conviendrons du sens dans lequel les
souverains peuvent avoir le titre de législateurs : titre si beau , que lorsqu'ils cherchent

à s'en rendre dignes , on auroit grand tort de le leur contester.

Admettons quelques comparaisons familières propres à démontrer l'évidence du droit de législation , tel qu'il appartient aux souverains.

Il est nécessaire , il est indispensable qu'un général d'armée soit réellement général ; ayant sur tous ceux qu'il commande un certain pouvoir arbitraire : il est nécessaire qu'un magistrat ait à son tour un certain pouvoir arbitraire ; il faut qu'un directeur, un commandant , un capitaine , un officier, un préposé quelconque ayent le droit de direction et de commandement dans la partie qui leur est confiée ; par la même raison, il faut qu'un souverain soit réellement souverain , c'est-àdire , ait un pouvoir qui le place au-dessus des autres pouvoirs de l'état. Dire que la souveraineté est entre les mains du peuple, c'est, en parlant d'une force qui ne peut se diriger elle-même , prendre cette force pour la souveraineté : c'est dire que le droit de direction est dans toutes les personnes qui doivent être dirigées par une volonté unique, et qui cependant ont entre elles des millions de volontés différentes. Enfin , dire que la souveraineté appartient au peuple, c'est prétendre renverser toutes les lois divines ;

car ces lois d'une raison suprême qui doivent servir au gouvernement des nations , sont comme les lois qui régissent l'univers ; elles émanent d'une volonté unique , et se rapportent à un centre d'unité. Comment veut-on que des millions de volontés différentes puissent s'accorder sur la formation de chaque loi nécessaire dans un gouvernement ? Oubliera-t-on que dans les républiques , jamais la souveraineté n'a paru résider que quelques instans chez le peuple , et a passé tout de suite entre les mains de ses chefs colorés du nom de représentans ? cette souveraineté n'a jamais été réellement exercée par le peuple , parce qu'il n'a pu faire que quelques lois détachées ; jamais il n'a pu former une législation complette ni bonne ni mauvaise. Les Romains dans leur délire ont pu se considérer comme un peuple de rois ; mais ils se faisoient illusion à eux-mêmes , et n'affichoient qu'un brillant mensonge.

Reprenons les comparaisons précédentes. Le général d'armée ne peut exercer son pouvoir, qu'en le dirigeant vers un but principal, qui est de conserver ses soldats de même que les autres propriétés de la patrie , de détruire la puissance ennemie , ou si l'on veut , de conquérir des pays ennemis. Il doit ensuite se conformer à certaines règles générales, qui

H 3

sont les principes de la tactique. De ces principes généraux découlent des préceptes particuliers, confirmés par la malheureuse expérience des guerres ; mais chaque circonstance imprévue, chaque cas particulier offrent à la sagesse du général les moyens d'exercer son pouvoir arbitraire. A la rigueur ce pouvoir ne semble point être arbitraire, parce qu'il doit être subordonné à des règles de prudence et d'utilité ; mais faut-il bien l'appeler arbitraire, puisque l'homme qui en est revêtu est l'arbitre de s'écarter des véritables règles. Le droit de commettre une erreur semble lui appartenir en quelque sorte : ce droit n'est-il pas dangereux ? oui, sans doute ; mais ce danger est nécessaire, puisqu'autrement un général n'auroit pas la faculté de prendre le meilleur parti qu'il y ait à prendre. Il a donc une certaine liberté dans l'exercice de sa qualité de général. Qu'on envoie par exemple un chef d'escadre en le munissant d'un nombre d'instructions précises ; qu'on lui prohibe rigoureusement de s'écarter de ces instructions en aucun cas : des circonstances non prévues par ceux qui ont tracé ses opérations viennent l'embarrasser, et le voilà battu, parce qu'on a trop limité son pouvoir.

Cette même liberté dans un autre genre de

conduite doit appartenir à tous les chefs principaux ou agens subalternes d'une administration ou direction quelconque, chacun dans
les bornes où sa qualité le circonscrit.

Le magistrat a pour règle générale de conserver par l'autorité de ses jugemens la propriété, la juste liberté et la vie de chaque
citoyen dont l'existence n'est point dangereuse pour la société : ses jugemens sont dirigés par des lois civiles ou criminelles. Devant se conformer à ces lois et ne jamais perdre de vue l'objet principal dont il faut qu'il
s'occupe, ses fonctions paroissent n'être point
libres ; mais dans l'examen des causes, mais
dans l'application des principes de droit,
mais dans l'interprétation des lois, mais dans
les cas non prévus par le législateur, il use
d'un certain pouvoir arbitraire : à la rigueur,
dirons-nous encore, son pouvoir ne semble
point être arbitraire, puisqu'il doit être subordonné aux principes d'équité ; mais faut-
il bien l'appeler arbitraire, puisqu'un juge
est l'arbitre de méconnoître ces principes ou
de les appliquer mal : le droit de commettre
une erreur semble lui appartenir en quelque
sorte ; il a donc une certaine liberté dans
l'exercice de sa dignité de magistrat.

Allons plus loin. Considérons le simple citoyen dans sa conduite ordinaire : l'homme le plus vertueux n'a-t-il pas le choix de faire le bien ou le mal ? Sans doute tout lui prescrit de faire le bien ; mais il ne le fait que parce qu'il en a la liberté.

Quoi ! toutes les voix s'écrieront à l'envi pour réclamer la liberté naturelle de l'homme , la liberté du citoyen , la liberté qu'on ne peut lui enlever, quoiqu'il soit sujet du monarque ; et le monarque seul parmi ses sujets n'aura aucun acte libre à sa disposition ; n'est-ce pas un délire affreux que de prétendre établir une semblable opinion ? N'est-ce pas dans des temps de frénésie qu'on se hasardera de la mettre au jour ?

Quoi ! le monarque n'aura pas liberté de rendre ses peuples heureux, sous prétexte que cette liberté les expose à devenir malheureux ! mais qu'on y prenne garde, si le monarque n'a point cette liberté, qui le suppléera dans des fonctions si nobles , si utiles, si nécessaires ?

Quelqu'un me dira , sans y avoir bien réfléchi , qu'il faut laisser aux princes le pouvoir de rendre les peuples heureux , mais leur ôter entièrement la faculté de les rendre malheureux : cela seroit sans doute beau, s'il n'étoit impossible. Que l'élite d'une nation de concert avec le prince prenne des mesures pour empêcher, prévenir certaines erreurs, certains abus d'administration : rien n'est plus sage ; mais toutes les fois qu'on admettra la nécessité de confier à une ou plusieurs mains une administration, ce sera n'avoir rien fait que de ne point attribuer à l'administrateur un pouvoir proportionné à la grandeur et à l'importance de la chose confiée. Dans ce pouvoir sera nécessairement une espèce de droit de commettre des erreurs, parce que cela tient à toute liberté donnée à l'homme ; liberté qui n'est pas moins nécessaire, malgré tous les dangers qui l'accompagnent.

Tout animal qui fait une chûte, est averti par une douleur, d'être à l'avenir plus avisé : la philosophie qui exigeroit qu'on ne commît jamais de fautes, n'est point celle qui convient à des humains ; la seule qui leur convienne est celle qui, aidant le développement de leurs facultés intellectuelles, les porte à revenir des erreurs et des fautes auxquelles ils sont sujets, et à en prévenir de nouvelles. N'est-il pas vrai que les mortels ne font dans leur enfance le premier usage du développement de leurs forces, que pour se relever de leurs fréquentes chûtes ?

Arrêtons-nous ici pour reprendre quelques idées principales que nous avons admises.

Des vérités les plus relevées dans les ma-

tières de législation , nous ne sommes encore
descendus qu'à un petit nombre de vérités
moins générales , et déjà entre celles-ci nous
appercevons des contradictions qu'il importe
de concilier , pour que nous puissions parvenir à tous les détails, en suivant une marche
sûre , un plan exact , des idées clairement
démontrées.

Nous avons d'abord établi un principe
d'unité auquel doivent se rapporter toutes
les lois d'un code, et nous avons observé qu'il
ne falloit qu'une seule volonté ; une seule intelligence législatrice pour concevoir l'ensemble régulier d'un tel code. Nous avons
dit que la Divinité avoit déjà tracé toutes
les lois dont nous avons besoin. En admet-
tant cette dernière proposition générale, on
a senti qu'il nous restoit pourtant à extraire,
pour ainsi parler , ces lois de la raison universelle qui est un don de la Divinité. Les
difficultés de la législation ou rédaction des
lois ont peut-être paru rester encore toutes
entières : nous avons ensuite flatté chaque citoyen en lui attribuant la faculté de concourir pour sa part , du moins par le consentement général de la nation , à l'établissement
des lois perpétuelles ; nous avons ainsi
montré que l'état républicain étoit moins fa-
vorable à la liberté naturelle que l'état mo-

narchique : n'y a-t-il pas de la contradiction entre ces diverses manières d'envisager le pouvoir législatif ?

Lorsque la Divinité a formé les lois qui régissent la nature, a-t-elle cherché le consentement des êtres intelligens qui, parmi ses créatures, devoient subir ces lois ? ne s'est-elle pas contentée d'inspirer à ces êtres intelligens un respect indispensable pour ces lois, à cause de leur sagesse qui frappoit d'admiration la raison humaine ? Si nous considérons le prince législateur comme se rapprochant de la Divinité, ne devons-nous pas lui supposer assez de sagesse, assez de puissance, pour ne point s'embarrasser du consentement que ses sujets voudront ou ne voudront pas donner à ses lois ? faire le bien public malgré ceux qui en profitent, n'est-ce pas une prérogative qui doive lui être conservée ?

D'un autre côté, comment pouvons-nous supposer que, dans une assemblée nombreuse comme celle des états-généraux d'une nation, le nombre même des votans ne sera point un empêchement continuel pour fixer une règle positive dans les détails multipliés des lois perpétuelles ? Comment pouvons-nous supposer que chaque représentant de la nation qui viendra figurer dans des états-généraux sera, pour chacun de ces détails, porteur du

vœu de la portion du royaume qu'il représente ? et si les vœux dont chacun est porteur sont différens , le changement d'opinion
qu'on persuaderoit à un représentant feroit-il
changer le vœu dont il est l'organe ? du moins
on sera assujetti à des longueurs infinies avant
que les argumens, les objections, les réponses soient éclaircies au point de réunir sur
chaque objet le vœu universel d'une nation.
On ne pourroit former ainsi tout un code,
qu'en tenant des états-généraux pendant un
siècle, qui comprend plusieurs générations.
Qui sait encore si vers le milieu ou sur la fin
de cette assemblée d'une aussi longue durée,
on ne contrediroit point ce qu'on croyoit
avoir éclairci et fixé dès le commencement ?
Si nos ancêtres ne nous ont point laissé de
code rédigé par de tels moyens, c'est que la
durée de leur vie étoit trop bornée ainsi que
la nôtre, ou plutôt parce qu'une telle formation de code n'est ni nécessaire, ni dans l'ordre
des choses possibles.

On a dit qu'une assemblée nationale pourroit être formée de députés qui auroient reçu
chacun un mandat illimité pour consentir à
toutes les lois qu'ils croiroient les plus utiles.
On a reconnu ainsi l'incapacité d'une trop
grande multitude pour la formation des lois
utiles, puisqu'on a senti le besoin qu'elle

auroit de s'en rapporter à la capacité d'une élite de citoyens : mais quand on pourroit supposer cette confiance sans bornes accordée aux députés d'un grand peuple , les détails des réformes seroient encore trop multipliés pour une telle assemblée nationale , sur-tout dans les temps actuels. Si cette assemblée se déterminoit pour des lois évidemment utiles, il n'est pas douteux que ces lois auroient leur exécution , non à cause du mandat donné , mais uniquement parce qu'elles seroient bonnes , et qu'elles obtiendroient une approbation universelle. Si elle consentoit à des lois nuisibles , en vertu du mandat donné aux députés , la nation ne seroit point liée par le vœu de ces mandataires , parce que les droits de l'équité et du salut public demeurent toujours invulnérables. Ici le contrat d'une nation ne s'estime point par les mêmes règles que les contrats entre particuliers·

Le première difficulté qui résulte de la longueur d'une assemblée nationale , où l'on s'occuperoit d'autres lois que de celles qui sont les plus importantes , rendroit seule la rédaction du code impossible. La seconde difficulté qui résulte du trop grand nombre des représentans assemblés , rendroit également ce code impossible : *tot capita , tot sensus ;* car il est dans la nature de l'espèce

humaine que tel individu soit plus sage,
mieux organisé que tel autre. Associez ensemble des hommes en grand nombre pour
discuter et résoudre une question ; ils ne sau-
ront marcher d'un pas égal , se croiseront,
se contrediront ; et si les questions sont trop
multipliées, ce sera encore la Tour-de-Babel;
on se séparera faute de s'entendre.

O vous qui répugnez à vous soumettre à
une puissance unique et souveraine , recon-
noissez-en maintenant la nécessité ! Je veux
supposer que cette puissance soit quelquefois
injuste , aveugle , il vaudroit mieux qu'une
grande foule d'hommes clairvoyans fût conduite par un aveugle , que si la volonté de
chacun de cette foule clairvoyante avoit un
droit pour diriger la marche de tous ; car ce
conducteur aveugle pourroit être averti par
ceux qu'il conduit , du lieu où se trouvent
les précipices où il pourroit les entraîner.

La formation d'un code assez étendu ne
peut donc avoir lieu dans des états-généraux.
Que l'on compare les lois qui ont été rédigées par un seul législateur, avec celles qui
ont été faites dans les comices du peuple romain , ou bien avec celles qui ont été rédigées par-tout ailleurs par une assemblée même
d'hommes choisis ; en général les premières
paroîtront préférables : je ne regarde point

comme lois émanées d'un seul législateur, celles qui sont émanées du conseil d'un prince ; car ce conseil est composé de plusieurs têtes : mais les lois de Moïse, de Zoroastre, de Confucius , de Dracon , de Solon, de Licurgue ne sont sorties, pour ainsi parler, que d'un cerveau ; ainsi qu'aux yeux des Païens, Minerve ne pouvoit avoir été produite que par le cerveau de Jupiter : aussi elles ont eu l'applaudissement des philosophes et des nations ; elles ont eu presque la même prérogative que les lois de la nature ; car chaque sujet en en voyant les effets, en les examinant de sang-froid, les a approuvées, admirées , consenties. Elles ont ainsi reçu leur dernière sanction ; savoir , le consentement des peuples. Ce consentement ne peut guères leur être demandé dans une assemblée générale , si ce n'est après que la nation a, pour ainsi dire , fait l'expérience de la bonté des lois proposées ; car le calme , la froide raison ne régnent pas toujours dans ces sortes d'assemblées , et beaucoup de contradictions entre ceux qui les composent en sont presque inséparables. Il est également vrai que beaucoup d'hommes pris séparément, lorsqu'ils ont été dominés par quelque passion, ont été mécontens des meilleures lois qui la réprimoient ; mais leur conscience les a ensuite forcés à reconnoître la sagesse de ces lois.

Il en est de même de la législation civile comme de l'établissement des puissances souveraines. Les peuples ne peuvent faire leurs lois, comme ils ne font point leurs rois. Cependant le règne des lois, ainsi que celui des souverains, pour être affermi, exige essentiellement le consentement ou l'assentiment des peuples : mais ce consentement n'est point réellement donné par eux comme résultant du pouvoir qu'ils ont de le donner. Relativement aux lois, ce consentement résulte d'une raison existant dans les hommes qui n'est point leur ouvrage. Relativement aux rois, il résulte de la même raison, ou d'une foule d'évènemens et de conjonctures qui ne dépendent nullement de la volonté purement arbitraire des sujets.

Si l'on a conservé les idées propres à exciter la confiance dans les lois générales que les souverains établissent, on peut y joindre cette observation que j'ai ainsi rapportée ailleurs. « (1) Rome a vu les empereurs les plus » méchans et les plus cruels, ceux qui ne » donnoient aucun ordre particulier qui ne » fût écrit en lettres de sang, déposer leur

____

(1) Principes du droit civil romain, tom. 1, discours préliminaire sur l'origine des lois positives.

» humeur

» humeur atroce et barbare, et devenir pres-
» que toujours des êtres sages et bienfaisans,
» lorsqu'il s'agissoit d'établir des lois généra-
» les sur la distribution de la justice : tels
» furent Néron, Domitien, Commode, Hé-
» liogabale et Caracalla. »

Pour ne point laisser indécises les questions que nous élevons, et pour en offrir à
l'esprit du lecteur une résolution bien claire,
nous répéterons que la législation doit éma-
ner de l'autorité souveraine, et ensuite être
sanctionnée par le consentement général des
sujets ; ce consentement ne doit point être
l'effet d'un pouvoir de souveraineté, qu'on
suppose faussement résider dans la multitude ; mais il doit résulter de cette raison
universelle, que la Divinité a répandue parmi
les hommes et doit plutôt s'appeler assentiment.

Toute loi qui blesse la raison publique est
mauvaise, si mauvaise que la nation est fondée à en demander la révocation. Une nation
dont les représentans assemblés en corps ex-
priment au prince le vœu général, exige plutôt qu'elle ne demande. Et voilà le point extrême, voilà jusqu'où s'étend le pouvoir national qu'on appeleroit improprement souveraineté, puisque s'appliquant à des cas où la
raison publique est blessée, il n'offre qu'une

réclamation de cette raison contre des lois funestes, au lieu d'être une puissance législative. Cette réclamation, toute-puissante qu'elle est, lorsqu'elle sort de la bouche d'un peuple entier, est moins la voix du peuple qu'une voix divine qui se fait entendre. Ce sont les lois admirables déjà tracées par la Divinité dans le cœur et la raison de l'homme, qui se révoltent pour ainsi dire contre les lois inventées par un mortel, et qui prennent sur elles un ascendant convenable. Qu'on se contente de cette influence prodigieuse et nécessairement déterminante qu'a dans ces occasions la volonté du peuple sur la volonté du souverain : que les souverains ne redoutent point cette influence ; elle fait leur gloire.

Au milieu d'une nation, démontrer à tous, laisser discuter par tous séparément l'utilité d'un nouveau corps de législation ; (car, avons-nous dit, une assemblée d'états-généraux n'est point propre à former tout l'édifice de la législation,) recevoir ensuite la confirmation de ce code dans des états-généraux, comme l'expression du vœu national, c'est rendre les lois qu'on adopte immortelles, du moins s'assurer de leur utilité présente, rendre leur empire plus absolu qu'il n'a jamais été ; c'est remplir un acte solennel qui doit servir à régénérer des mœurs dépravées, chef-d'œuvre qui autrement paroissoit impossible : cet acte solennel suppose encore une nation bien éclairée, et immortalise le prince législateur.

De tous les codes où plusieurs collaborateurs ayent contribué, je ne vois que celui des douze tables qui ait un certain degré de perfection. La raison en est, 1.º qu'il n'y avoit eu que trois hommes qui furent chargés d'en recueillir les matériaux ; 2.º que ces trois hommes n'avoient été nullement gênés dans leur commission : on leur avoit seulement prescrit de choisir çà et là dans la Grèce, les institutions qui leur paroîtroient le plus utilement applicables au gouvernement des Romains ; 3.º qu'il n'y eut que dix hommes qui furent ensuite chargés de faire un choix parmi les lois grecques, recueillies par les trois députés de Rome. Leur sentiment naturel d'équité étant la seule règle qu'ils suivirent, ils n'eurent qu'à faire une comparaison des diverses lois grecques : or, entre plusieurs objets comparables, un petit nombre d'hommes éclairés s'accorde aisément sur le choix.

Il résulte de ce que nous venons d'observer, que tout le consentement que peuvent donner des états-généraux à la formation d'un code, ne consiste que dans le choix libre

que ces états feroient du nombre le plus circonscrit de juristes éclairés propres à revoir
la législation. Ce conseil de législation choisi
par la nation seroit le vrai conseil du monarque dans cette matière ; mais il faudroit
encore que la nation consentît aux vues générales , d'après lesquelles ce conseil de législation formeroit un nouveau code : il paroît
que ces vues ne devroient consister qu'à rechercher ce qu'il y auroit de plus utile pour
tout le royaume.

Qu'on ne croie pas néanmoins qu'une nation très-civilisée doive se borner à confier
à des légistes tout le soin des réformes des
lois civiles : lorsqu'elle a fait pendant long-
temps l'expérience de quelques inconvéniens
les plus palpables et les plus funestes de la
législation précédente , elle peut y pourvoir
sans retard ; par exemple , elle peut demander au roi de statuer , 1.º qu'il sera créé des
cours souveraines dans tous les arrondisse-
mens du royaume , qui auront quatre ou cinq
cents lieues quarrées de surface ; 2.º que dorénavant , au moins les magistrats de ces
cours pour les places qui seront vacantes ,
seront nommés par le roi d'après le choix
fait dans des assemblées provinciales ; 3.º que
dans aucun tribunal les procès ne pourront
durer plus d'une année , en pourvoyant à ce

que dans les six premiers mois l'instruction que doivent fournir les plaideurs, et qui seroit dorénavant moins ruineuse pour eux, fût achevée.

Je dirai bien plus : si à la veille des états-généraux, on avoit sous les yeux un nouveau code simple, rédigé suivant les règles immuables de l'équité, l'assemblée nationale, fût-elle dépourvue de jurisconsultes, seroit assez éclairée pour dire : Nous ne voulons suivre que ce code.

On se rappelle que Cicéron disoit aux avocats de son temps : Si vous me fâchez, prenez garde, il ne me faut que trois jours pour devenir jurisconsulte comme vous : il seroit peut-être nécessaire qu'on fût déjà aussi instruit que l'étoit Cicéron, pour égaler dans trois jours nos meilleurs avocats ; mais pour sentir la bonté des lois qui seroient déjà rédigées, pour reconnoître la préférence que doit obtenir un code simple, formé suivant les règles immuables de l'équité, il suffit d'être un individu doué de raison, et dont la raison a été tant soit peu exercée. Ainsi, sans parler, comme Cicéron, de mauvaise humeur contre les partisans de la jurisprudence reçue, j'oserai prétendre devant eux qu'il seroit possible dans trois mois d'instruire toute une nation, telle que la nation

française , des lois nécessaires et communes
à tous les sujets de l'état ; mais n'insistons
point sur ces circonstances où il seroit possible et même avantageux de faire valoir une
influence décisive de toute une nation , sur
l'admission d'un nouveau corps de lois, et
déterminons clairement comment le droit de
législation doit être exercé pour l'ordinaire
dans les monarchies.

J'ai suspendu jusqu'à présent de tracer la
distinction des lois , dont la rédaction appartient uniquement au prince législateur , d'a-
vec celles où la nation doit nécessairement
concourir ; mais , c'est pour que mes observations précédentes rendissent cette distinction plus sensible : la voici telle qu'elle me
paroît devoir être admise.

Les lois perpétuelles , fondamentales , immuables , à l'établissement desquelles la nation doit concourir avec le monarque , sont
celles de la succession au trône , celles qui
pourvoient à éclairer l'administration sur le
vœu national et la raison publique , celles
qui garantissent le respect dû au culte religieux dominant , celles qui assurent la propriété et une juste liberté des sujets.

Les lois permanentes , dont la durée peut
cesser à une nouvelle tenue des états-généraux , qui peuvent y introduire quelques

changemens , sont celles qui regardent les impôts ordinaires : ces lois exigent aussi le consentement de la nation; autrement le droit de propriété seroit lésé.

Les lois perpétuelles ou permanentes touchant les successions, les mariages, la faculté de tester , la faculté de faire des donations , la légitimité des enfans , et les autres lois semblables doivent convenir à la raison publique ; mais leur rédaction appartient primitivement au souverain. L'intérêt général exige que la nation réclame elle-même la réforme de ces lois, lorsqu'elles sont défectueuses : si la nation néglige de faire cette réclamation , elle en est seule punie ; l'intérêt du monarque n'y consiste qu'en celui qu'il doit prendre au bien-être de ses sujets.

Les lois touchant les formalités des actes publics , les procédures civiles ou criminelles , la formation des tribunaux, appartiennent uniquement au prince législateur : mais elles ne seront bonnes , sages , utiles , qu'en tant qu'elles se conformeront au vœu général , ou qu'elles obtiendront l'approbation générale des sujets.

Toutes les circonstances extraordinaires ou imprévues dans le royaume donnent lieu à des lois ou à des ordres passagers qui doivent dépendre de la volonté du monarque : il jouit

alors pleinement de sa qualité de souverain ;
en ayant pour règle unique *le bien public.*

Ainsi la puissance du législateur se trouvera
conservée autant qu'elle doit l'être : le consentement de la nation sera obtenu autant que la
nature des choses le permet. Le législateur
sujet à des erreurs aura tous les moyens pour
s'en préserver : la multitude des habitans du
royaume sujette à la mésintelligence ou à des
erreurs qu'elle adopte souvent avec délire,
avec passion , échappera autant qu'il est possible à ces inconveniens.

Qu'on me trace un meilleur ordre, et j'y
souscrirai. (1)

---

(1) Ce n'est qu'en comprenant bien les distinctions précedentes , qu'on aura le vrai sens de cette
définition : *Lex est ratio armata*, même les lois positives, ai-je dit ailleurs depuis long-temps, sont les
maximes de la raison consacrées par l'autorité : il
n'y a que ces lois qui doivent régner préférablement
au souverain ; mais n'y a-t-il que ces sortes de lois
dans nos codes ?

CHAPITRE VII.

Règles principales qu'on doit suivre dans la rédaction des lois.

Nous avons maintenant reconnu la véritable source des lois ; nous avons discerné celles qui sont fondamentales d'un état monarchique, et sur lesquelles nous ne reviendrons plus. Nous avons fixé notre opinion sur le pouvoir législatif : il nous reste à déterminer de quelle manière, dans quelles vues générales doit être exercé le droit de législation, ou plutôt le droit de rédiger les lois par écrit pour servir au gouvernement des peuples.

Je ne dirai point qu'il importe essentiellement que la législation soit rédigée d'une manière simple, claire, précise, à portée de tous les sujets. Ce seroit ne rien apprendre à mes lecteurs, et en écrivant au milieu d'une nation éclairée, il convient seulement de développer les vérités dont on n'est point assez communément persuadé. La simplicité des lois n'est pas néanmoins encore du goût de tous les juristes ; c'est pourquoi dans un autre ouvrage sur la réforme des lois civiles, j'ai cru devoir démontrer la nécessité d'avoir des lois simples. Leur uniformité tient à leur simplicité : j'ai encore ailleurs insisté sur l'importance de cette uniformité ; j'ai fourni des moyens pour en lever les obstacles, et je pourrois en fournir davantage, s'il étoit nécessaire.

Je ne dirai point que la rédaction des lois doit être différente suivant les mœurs et l'état d'un peuple : cette vérité est assez connue.

Je ne dirai point non plus que la législation doit être réformée de temps à autre : c'est une vérité facilement sentie par les êtres raisonnables, et qui s'ensuit de leur différence d'avec les brutes qu'un seul et même instinct conduit toujours uniformément : savoir, qu'il faut changer ce qui a besoin de l'être. Il en est des gouvernemens des nations comme de celui des familles : il en est de l'administration publique de même que des administrations domestiques et particulières ; le chef de famille qui est attentif et sensé ne néglige point de réformer sa maison, toutes les fois qu'il le juge nécessaire : le plus médiocre agriculteur qui voit qu'une telle culture ou une telle semence ne réussit point dans sa terre, y essaie d'autres cultures, d'autres semences. Comment donc pourroit-on envisager sous un aspect odieux ou alarmant les projets de réforme d'un monarque, lorsqu'il ne les conçoit que d'après l'opinion publique, et lorsqu'il veut ne les réaliser que de l'avis de ses sujets, comme un père qui rassemble toute sa famille pour la consulter (1) ?

Je me bornerai à tracer trois principales règles qui me paroissent, dans l'état actuel de la jurisprudence européenne, ne devoir point être perdues de vue par les réformateurs.

Nous avons précédemment examiné comment le gouvernement politique devoit être combiné pour que les peuples vécussent plutôt sous l'empire des lois que sous la puissance personnelle d'un monarque. Il faut donc à son tour, 1°. que le monarque législateur recherche les moyens de faire vivre ses sujets plutôt sous l'empire des lois que sous la volonté des magistrats.

2°. Comme il y a un certain ordre de choses pour lesquelles les peuples sont obligés de subir le pouvoir de leur monarque, et comme

______

(1) Filangieri, dans son ouvrage sur la législation, rapporte que Locke chargé de rédiger un code de lois pour la Caroline, vouloit que ce code ne subsistât pas au-delà d'un siècle, et c'est ainsi, dit-il, que pensent tous les législateurs philosophes.

à d'autres égards les peuples sont encore obligés de subir le pouvoir des magistrats, le législateur doit empêcher que la raison des juges ne soit portée à s'efforcer de contrarier les lois.

Ces deux règles découlent des principes théoriques de cet ouvrage.

3°. Enfin le législateur considérera quels sont les objets sur lesquels il importe d'établir une loi précise.

Pour bien développer ces trois règles, il convient de rappeler ce que d'autres ont dit sur l'esprit de la loi. Dans les cas particuliers, dit Montesquieu, où la loi est expresse, il faut la suivre ; autrement il faut en chercher l'esprit. Beccaria, dans son traité des délits et des peines, pense qu'il n'y a rien de plus dangereux que l'axiome commun : *Il faut prendre l'esprit de la loi :* « L'adopter, dit-il, » c'est rompre la digue qui s'oppose au tor- » rent des opinions. L'esprit d'une loi seroit » donc le résultat de la bonne ou mauvaise » logique du juge ; il dépendroit de sa bonne » ou mauvaise digestion..... Les inconvéniens » qui peuvent naître de l'interprétation rigou- » reuse et littérale d'une loi, sont infiniment » moindres : le législateur n'a qu'à faire des » corrections au texte équivoque ».

Beccaria n'a ici envisagé que les textes équi-voques, et s'est dissimulé l'impossibilité où se trouvoit le législateur de prévoir chaque cas particulier par une loi expresse ; il seroit absurde qu'on fît consister la meilleure législation dans une forme impossible, ainsi la trop grande multiplicité des lois n'est qu'un embarras pour les juges, un vice épouvantable qui rend la jurisprudence inaccessible à la plupart des citoyens ; cette multiplicité ne sauroit remplir le but qu'auroit le législateur d'empêcher que jamais les magistrats n'aient besoin d'interpréter les lois.

Le législateur n'a qu'un seul moyen pour retrancher une foule de questions qui peuvent être agitées dans les tribunaux, c'est de tarir la source de ces questions. Par exemple, en France on a exclu la preuve par témoins pour une somme au-dessus de cent livres : ainsi on y est dispensé d'examiner la force ou les vices de beaucoup de preuves testimoniales qui n'ont plus lieu. On a prévenu dans le même royaume beaucoup de procès, par divers articles des ordonnances sur les testamens et sur les donations. Dans certaines coutumes où les testamens ne sont point permis, il est évident qu'on n'agite aucune question testamentaire. Si on permettoit, si on facilitoit aux communes les moyens de racheter les droits féodaux, et qu'on parvînt à anéantir ces droits, il n'y auroit plus de questions féodales : si on facilitoit aux emphitéotes le rachat de la seigneurie directe , et qu'en anéantissant ainsi insensiblement les emphitéoses , on prohibât d'en établir de nouvelles, il ne seroit plus question de lods, de droit de prélation , ni de censes. Si la faculté de substituer ses biens étoit totalement interdite , que de questions épineuses sur les fidéicommis n'auroient plus lieu (1). Si enfin dans un même royaume on n'avoit point admis diverses coutumes qui se contrarient , on n'y agiteroit point tant de questions , dont plusieurs sont insolubles sur la réalité ou la personnalité des statuts. (*)

Sous ce point de vue le législateur peut singulièrement simplifier la jurisprudence,

------

(1) Les Séguier , les Bignon , les Talon profondément instruits dans la jurisprudence française, reconnoissoient l'utilité du point de vue dont il s'agit ici ; mais pour ne point heurter trop violemment les anciennes lois, ils ont simplement opiné de réduire les degrés de substitution.

(*) Ces points de vue ont été suivis en France dans le Code civil. Mais le système hypothécaire suivi dans ce Code , la permission du divorce , certains textes touchant la confection des testamens, la communauté conjugale , etc. , ont ouvert de nouvelles sources de litiges.

faciliter les fonctions des juges, et leur ôter une multitude d'occasions où ils useroient d'une interprétation arbitraire : par de tels moyens, les peuples seroient ramenés à vivre plus véritablement sous la volonté de la loi que sous celle de magistrat : ainsi nous concevons que, plus on a multiplié les lois, plus on a soustrait les peuples à l'empire des lois, pour les remettre sous l'empire du magistrat. Il est évident qu'on a fait l'opposé de ce qu'on vouloit faire.

Or, puisqu'il y a plus à gagner de se soumettre à des lois essentiellement équitables, impassibles, impartiales, qu'à dépendre de la bonne ou mauvaise logique d'un juge, de sa bonne ou mauvaise digestion, suivant l'expression de Beccaria, nous conclurons qu'en général la multiplicité des lois et l'introduction de la multiplicité d'objets sur lesquels le législateur doit statuer, sont absolument contraires à la bonne administration civile des peuples.

Il faut donc conseiller au législateur d'user des grands moyens qu'il a pour simplifier la jurisprudence ; mais il doit en user prudemment : chacun de ces moyens demande un examen particulier, exige des modifications, et l'étendue de cet ouvrage ne permet point de les approfondir : d'ailleurs je n'ai point prétendu rédiger ici des lois, mais tracer la théorie de leur rédaction.

Quelle que soit la brièveté d'un code, quelle que soit son étendue, toujours les juges seront exposés à la nécessité d'interpréter les lois ; mais il ne faut point oublier que, plus le code sera étendu, plus les juges seront embarrassés dans leurs interprétations : plus on aura prévu de cas particuliers dans des lois expresses, plus les juges auront à décider arbitrairement l'infinité d'autres cas qui doivent ne point se trouver précisément prévus : qu'on fasse bien attention à ces vérités méconnues depuis si long-temps.

J'aime à me faire les objections les plus fortes, à les mettre dans la bouche de ceux qui ont le plus d'autorité ; en les résolvant, je risque moins de tromper le public et de me tromper moi-même ; car le seul moyen bien assuré d'éclaircir une discussion, est de ne rien se dissimuler.

Le président Bouhier, le plus grand fauteur d'une législation où tous les cas soient prévus, et où la conscience d'un juge soit rassurée, lorsque ce juge peut appuyer sa décision sur la loi, sur les statuts, sur les commentaires, ou sur des arrêts précédens, cite ce passage de Suétone touchant Caligula : *De juris quoque consultis, quasi scientiæ omnem usum*

usum aboliturus , sœpe jactavit se me herclè effecturum ne quid respondere possent præter æquum. Il dit à ce sujet que ce détestable empereur menaçoit ainsi d'abolir toutes les lois, puisqu'il projetoit de ne laisser juger que suivant l'équité ; je crois plutôt que Caligula menaçoit les juristes de simplifier les lois, et c'est le plus grand bien qu'il eût pu procurer, sinon aux juristes, du moins aux peuples. M. Bouhier cite ensuite ce trait d'histoire des peuples de Savoie « qui, après
» avoir été conquis par François I, lui de-
» mandèrent par grace *de n'être point jugés*
» *d'équité :* requête qui parut d'abord assez
» étrange, mais que dans la suite on trouva
» fort sensée, quand on y eut fait réflexion,
» et qui peut-être donna lieu à cet ancien
» proverbe, que Charondas nous assure avoir
» été autrefois en usage au palais : *Dieu nous*
» *garde de l'équité du parlement* » !

Ces peuples de Savoie avoient sans doute raison de désirer de vivre sous le règne des lois, et d'éviter les jugemens arbitraires, sujets à tant d'abus dans les tribunaux : ils avoient sans doute de l'attachement pour le droit écrit et pour des coutumes particulières qu'ils observoient depuis long-temps : vraisemblablement ce proverbe, *Dieu nous garde de l'équité du parlement*, avoit précédé l'époque de leur requête : ils en étoient instruits ; ils craignoient les inconvéniens de cette prétendue équité ; ils se les figuroient peut-être plus alarmans qu'ils n'étoient ; mais ce trait d'histoire, qui serviroit à confirmer qu'un code est nécessaire, ne prouve pas qu'on doive toujours conserver la jurisprudence, telle que nous la suivons.

Si, suivant l'avis du P. Bouhier, une pareille demande, faite par les peuples, convient encore mieux dans la bouche des magistrats qui doivent désirer d'avoir leur conscience en repos, en ayant toujours quelque point d'appui pour régler leurs décisions, j'interroge les magistrats eux-mêmes, et voudrois savoir s'ils ont réellement leur conscience plus tranquille, en préférant au sentiment intime d'équité, l'opinion d'un commentateur, d'un tractatiste, ou la décision d'un tribunal. Je leur demande à eux qui ont l'expérience du barreau, s'il n'arrive pas souvent que leur conscience soit embarrassée par des cas un peu différens de ceux qui se trouvent déjà décidés dans des livres de droit ou dans des collections d'arrêts. Je veux savoir s'il n'en coûte pas à la délicatesse naturelle d'une bonne conscience, d'appliquer rigoureusement une loi, lorsque cette application rigoureuse n'est point équitable : je demande si les Païens à

Rome, en suivant les grands principes de jurisprudence, n'admettoient pas que le préteur dût modifier, adoucir en certains cas l'application de la loi : je demande enfin si les cours souveraines ne doivent nullement participer au même droit qu'avoit le préteur de Rome.

Cependant M. Bouhier accumule de graves citations pour prouver que de son temps les parlemens avoient donné l'exemple de s'écarter de la loi : exemple dont les tribunaux infé-rieurs et les avocats consultans avoient abusé. Que les tribunaux subalternes se soient ar-rogé le pouvoir de modifier la loi, c'est ce que je ne chercherai point à justifier : que les avocats consultans aient opiné que *la bénignité du préteur* doit ramener à l'équité l'explication des lois, c'est ce qui me paroît conforme aux principes fondamentaux de la jurisprudence. Quoi qu'il en soit, il résulte du proverbe rapporté par Charondas, et des autres cita-tions fournies par Bouhier, il résulte, dis-je, qu'il y a toujours eu un combat entre la raison des juges et l'application rigoureuse des lois particulières. Mon but est d'examiner quel est l'inconvénient qui s'ensuit d'un tel état de choses, et comment y remédier. Mais pour éclaircir cette discussion, il convient de déterminer les différens rapports sous lesquels elle doit être envisagée.

Premier rapport. La loi générale doit être tellement juste, tellement utile, tellement convenable au gouvernement, que bien loin de choquer la raison, elle y soit parfaitement conforme. Personne ne me contestera ce principe : la démonstration en seroit superflue, ou plutôt il porte avec lui sa démonstration.

Second rapport. La loi générale peut paroître injuste dans son application à certains cas particuliers. Dans ces cas, il faut qu'on puisse recourir au prince ou à des magistrats faits pour le représenter, desquels on puisse obtenir la modification de la loi, comme on recouroit autrefois à l'équité du préteur : voilà pour les lois générales. Observons que la survenance de ces cas et la nécessité de les résoudre prouvent encore la nécessité d'attribuer le droit de législation au monarque, lequel doit toujours avoir à sa portée un conseil de législation.

Troisième rapport. Il est important de remarquer que ce sont les lois portées sur certains cas, où elles dirigent l'application d'une loi générale, qui causent le plus grand embarras pour les juges. Ces lois particulières

ıe devant servir qu'à développer le vrai sens
ıe la loi générale, semblent permettre que
es juges s'écartent de la loi dans des cas
ın peu dissemblables de celui pour lequel
e législateur a fixé une décision. Dans ces
as qui n'ont pas été prévus expressément par
e législateur, mais dont la résolution doit
ıéanmoins se déduire d'une ou de plusieurs
ois générales, le juge consciencieux, qui
ʻoudroit continuellement rejeter sur la faute
ıu législateur l'inconvénient de ses juge-
nens, est fâché de ne pouvoir se guider par
ıne règle très-positive. Mais que faire ? Il est
ıe toute impossibilité que le législateur ait
out prévu : il est donc de nécessité absolue
ʒue les juges y suppléent. Relativement à ces
ʻas dont la décision est pour ainsi dire arbi-
ʻaire, ou plutôt ne doit être fixée qu'en
ıivant les règles de l'équité naturelle, si
ın applique le proverbe, *Dieu nous garde de
'équité du parlement*, on prononce une grande
ʰsurdité.

Quatrième rapport. La multitude infinie
ʻes cas qui se présentent à juger dans un vaste
ʻoyaume, oblige de laisser aux tribunaux la
ıculté de décider arbitrairement jusqu'à un
ʻertain point diverses causes qui leur sont
ʻoumises. Si l'on abuse de cette faculté dans
es tribunaux subalternes, on y pourvoit dans

les tribunaux d'appel. Mais il est un genre de causes qui intéressent trop généralement la sûreté des personnes et le droit de propriété, pour laisser la moindre faculté arbitraire aux tribunaux subalternes , ou même à ceux d'appel. Ainsi les peines infligées par la loi criminelle ne devroient être modifiées que par un tribunal supérieur , ou bien le droit de les modifier devroit être réservé au souverain , pourvu qu'on eût pris des moyens propres à donner connoissance au souverain de tous les cas où l'équité prescrit de modifier la loi. Ainsi les règles de succession doivent être fixées par le législateur de manière à prévoir tous les cas : ainsi pour assurer l'exécution des contrats ou conventions , il convient que les contrats ne puissent jamais être rescindés que par des motifs clairement exprimés par le législateur.

Cinquième rapport. S'il y a des lois ambiguës ou obscures , ce qui est un grand malheur , il faut que le législateur les change par un meilleur texte. Je n'y vois point d'autre remède ; mais si l'application des lois générales présente des doutes , faut-il embrasser l'opinion commune des docteurs et des tribunaux ? Sans contredit, parce qu'ordinairement cette opinion est conforme à l'équité. Mais s'il se présente souvent des cas un peu différens de ceux qui ont été résolus par l'opinion commune des tribunaux, il est tout simple qu'on doive suivre l'équité. Et nous voilà continuellement ramenés à l'entour de ce cercle : lois générales d'équité, lois positives dictées par l'équité ou par la raison qui constituent l'ordre nécessaire dans une société ; application de ces lois générales ou positives suivant l'équité : hors de ce cercle tout sera vicieux.

Après avoir considéré ces cinq rapports, on ne disconviendra pas que ce soit un grand mal que de suivre une jurisprudence suivant laquelle certains juges croient toujours être obligés de suivre à la lettre le texte de la loi, et où d'autres juges ne considérant la loi que comme raison écrite, croient pouvoir se confier à leur propre raison, et braver quelquefois la raison du législateur. Que d'abus s'ensuivent de l'un ou l'autre de ces deux partis ! C'est-là malheureusement la situation où nous sommes. La jurisprudence qui heurte la raison des juges, est souverainement injuste. La jurisprudence qui embarrasse cette raison, ne l'est pas moins. Enfin la jurisprudence suivant laquelle la raison des juges ne seroit comptée pour rien, seroit solennellement injuste ; heureusement celle-là est impossible.

Reste toujours à fixer quels sont les objets sur lesquels le législateur doit prononcer très-positivement ; les voici : 1.º Les formalités des procédures criminelles établies de manière qu'elles assurent aux accusés innocens les moyens de leur justification, et empêchent que les coupables n'évitent une punition exemplaire. 2.º Les degrés de preuvé que la loi exige pour qu'un accusé soit tenu pour convaincu. 3.º Le genre de punition attaché à chaque genre de délit ; car c'est une chimère de prétendre varier autant les peines, comme les espèces de délits peuvent être variées. Telle est la substance d'un code criminel.

Quant à l'état des personnes, 1.º fixer les preuves que chacun doit avoir de son état légitime ; 2.º régler la puissance paternelle, l'autorité des tuteurs et des maris, borner la liberté des fils de famille, des mineurs et des femmes relativement à leur contrats ; 3.º fixer la forme authentique des mariages, des émancipations.

Quant au droit de propriété, 1.º déterminer très-exactement les manières de succéder ; 2.º régler les formalités des testamens et des donations, ainsi que le taux de la légitime, borner convenablement la liberté des testateurs et des donataires ; 3.º régler les

formes des contrats qui se passent devant no-
taires ; 4.º déterminer les formalités de la procédure civile ; 5.º indiquer les preuves qu'on
admet en justice touchant les conventions
verbales ; 6.º marquer précisément le degré
de lésion qui donne lieu à rescinder un contrat, et déterminer les nullités des contrats,
qui en général sont valables.

Ce tableau est bien simple : il prouve que
la saine jurisprudence n'est point une science
abstruse ; c'est et ce doit être la plus facile
de toutes les sciences ; les anciens philosophes juristes l'ont dit avant moi.

CHAPITRE VIII.

De l'uniformité des lois, qui doit suivre l'uniformité de la morale publique.

Plus une question est difficile et se trouve çà et là différemment résolue, plus il importe de l'approfondir, sur-tout lorsqu'elle est relative aux grands intérêts de la société. Un livre seroit suffisamment utile, s'il résolvoit une pareille question de manière à dissiper tous les nuages qui l'enveloppent. Ramener la paix dans la patrie affligée par des guerres meurtrières, éteindre le flambeau des guerres civiles, c'est sans doute un grand service rendu à l'humanité ; mais c'est encore un grand bien de calmer les guerres d'opinions ; car celles-ci font quelquefois naître les autres, et l'on peut dire que la plume appelle l'épée.

S'il étoit possible de civiliser tout de suite un grand peuple, de le soumettre à une autorité unique, et s'il étoit question d'établir des lois pour un vaste royaume, où il n'y en auroit eu encore aucune d'établie, il n'est pas douteux que le législateur ne songeroit qu'à faire un choix des meilleures lois, des plus

utiles , des plus raisonnables ; mais il se gar-
deroit bien de former une législation différente pour une de ses provinces, et différente
pour une autre , à l'exception de ce qui tient
à quelque particularité locale.

Le cas sur lequel nous devons ici réfléchir , n'est point celui-là , mais celui où se
trouve un royaume dont les provinces ont
été successivement réunies sous le même monarque , et en contractant ensemble une com-
munion d'intérêts et d'affections , ont néanmoins conservé chacune leurs lois propres
très-différentes entre elles. Nous supposons
que ces lois sont plus ou moins défectueuses ;
car il est impossible, je pense , qu'il y ait
seulement deux législations qui se contrarient dans un même royaume , et qui soient
également bonnes en elles-mêmes prises séparément. Rien n'est moins indifférent que
les lois civiles ou criminelles ; il n'y a point
de milieu , elles sont nécessairement bonnes
ou mauvaises, et pour qu'une différence puisse
subsister entre deux bonnes législations , il
faut supposer des mœurs bien différentes.

La diversité des circonstances locales ne
met de différences que dans les règlemens ou
statuts particuliers de chaque pays ; mais en
ce qui concerne les véritables objets des lois ,
il ne faut considérer que les mœurs.

Pour ne point supposer gratuitement une différence entre les mœurs dont le législateur s'occupe, il est nécessaire de bien définir ce qu'on entend par mœurs : il importe de rechercher la différence entre les mœurs, de laquelle il doive nécessairement résulter une différence dans les lois. Si nous ne trouvons point entre les mœurs de plusieurs provinces d'un même royaume, cette différence essentielle qui exige une diversité de lois, il ne restera plus aux partisans de cette diversité qu'à dire : « Nos lois sont anciennement » différentes, et par cela seul nous devons » garder chacun les nôtres : nous avons formé » nos idées habituelles sur nos anciennes lois » propres, et nous y tenons, parce que telle » est notre habitude ; elle fait partie de notre » existence morale ou civile : nous tenons à » ce régime civil, comme chacun tient à un » régime d'hygienne particulier. »

Dès que nous aurons réduit à ces seuls raisonnemens les partisans de la diversité des coutumes, nous les attaquerons dans ces derniers retranchemens. Toujours est-il nécessaire en traçant une théorie de la rédaction des lois, d'examiner dans quels cas le législateur doit tendre à l'uniformité, dans quels cas il doit maintenir une certaine diversité.

Mais il faut, avant d'en venir à cet examen, admettre un principe ; savoir : qu'il est des lois de raison naturelle tellement impérieuses, qu'aucun législateur n'a le droit de les blesser, et s'il les a contrariées , on doit les rétablir. Ce principe seul serviroit à rapprocher notablement diverses législations , dont quelques-unes blessent ces lois naturelles. Par exemple, c'est blesser la loi naturelle d'équité , que de permettre ou d'exiger qu'un enfant soit tellement favorisé dans le partage des biens paternels , que les autres enfans du même père restent absolument dénués de ressources en comparaison de celui-là. C'est blesser la raison et la liberté naturelle , que de subordonner les enfans à une puissance paternelle trop rigoureuse et trop long-temps prolongée. C'est encore blesser la même raison , que de ne donner aux pères aucune puissance sur leurs enfans , etc. etc. En parcourant tout ce qui dans les lois précédentes peut blesser la raison, nous formerions ou nous réformerions le code. Il suffit d'avoir montré par un petit nombre d'exemples , que puisque les lois doivent être rédigées au flambeau de la raison, en suivant ce flambeau, on tend à l'uniformité des loix (*).

____

(*) L'on supprime ici le restant de ce chapitre assez étendu dans la première édition , parce qu'il

CHAPITRE IX.

Des lois touchant le revenu public et touchant le commerce.

On a publié dans notre siècle tant d'écrits touchant les impôts et touchant la liberté du commerce, qu'il ne nous reste qu'à profiter sur ces deux points de ce qui se trouve démontré avec le plus d'évidence. Peu d'observations essentielles peuvent être ajoutées à celles qu'on a déjà faites ; mais il est important de composer une théorie des vérités principales qui offrent çà et là le fondement des autres vérités de détail relatives à l'objet de ce chapitre. Il est encore important de dégager ces vérités des accessoires qui en offusquent l'évidence, ou bien de les dégager des accessoires qui dans certains écrits contrarient même les principes auxquels ils semblent être attachés.

C'est un progrès réel des connoissances utiles, que d'avoir instruit une nation dans une matière à laquelle elle doit s'intéresser

______

a paru inutile de répéter des démonstrations sur la nécessité d'avoir des lois uniformes. Ces démonstrations ont assez produit leur effet en France.

grandement, celle de l'administration des finances : une science nouvelle a été révélée ;
on avoit tout à perdre de rester aveugle sur
les moyens dont le fisc usoit pour retirer
l'argent des peuples : maintenant une lumière
bienfaisante est venue dessiller tous les yeux,
et c'est à M. Necker principalement qu'on est
redevable d'une instruction publique aussi
intéressante.

Si je n'écrivois que pour la France, je
dirois que cette instruction publique y étoit
d'autant plus nécessaire, que la nation y
concourt par son vœu à l'établissement des
impôts longuement durables ou perpétuels :
or, comment réglera-t-elle son vœu sur des
impôts dont elle ne connoîtroit parfaitement
ni la nature, ni les dangers ? mais j'écris pour
toutes les monarchies, et il me paroît que la
meilleure constitution politique de cette
espèce de gouvernement, doit être par-tout
conforme à ce principe général que les Ger-
mains avoient adopté dans leurs mœurs : savoir, que les grands objets d'administration
doivent être réglés suivant le vœu général de
la nation ; mais que les détails de l'administration publique doivent dépendre de la volonté
du prince : *de minoribus reges consultant , de
majoribus omnes* (1).

____

(1) Tacit. de morib. german.

Cherchons donc à nous former une théorie générale et certaine touchant les impôts et le commerce : ces deux objets ont ensemble de grands rapports, soit à cause de l'intimité de ces rapports, soit à cause des richesses nationales dont le commerce accroît la valeur, soit à cause des richesses étrangères dont il enrichit un royaume, (ce qui augmente prodigieusement la force qu'ont les nationaux de supporter un impôt plus considérable): on devra estimer jusqu'à quel point il importe d'admettre le vœu des commerçans dans une assemblée nationale.

La véritable théorie de l'impôt doit, ce me semble, être fondée sur une juste distinction entre les productions spontanées de la terre, et les productions dues aux divers travaux des sujets de l'état ; se borner à l'impôt territorial, c'est ne considérer comme richesse réelle que les fruits de la terre accrus par le travail des agriculteurs : mais les travaux de tant d'artisans, ouvriers, de tant d'hommes adonnés au commerce, ou servans péniblement les manufactures, n'augmentent-ils pas la masse des richesses réelles d'une nation ? n'établir qu'un impôt direct sur la classe des agriculteurs, sous le prétexte qu'elle est la seule réellement productive c'est exagérer l'honneur qu'on veut rendre à

cette

cette classe ; c'est encore lui faire une injustice : on aura beau dire que le besoin de se
nourrir commun à tous les hommes , fournira
toujours aux agriculteurs ou propriétaires de
terre , les moyens de rejeter sur les autres
classes des citoyens non imposées directement , une partie du fardeau qui pèse im-
médiatement sur les productions de l'agriculture. Il est faux que chaque citoyen agriculteur puisse calculer exactement la hausse
qu'il doit donner aux denrées qu'il vend , pour
opérer sur tous les citoyens la juste extension
de l'impôt. Les besoins ou la concurrence
des vendeurs les déterminent à diminuer les
prix de leurs ventes , plus souvent qu'un
certain monopole ne leur facilite les moyens
de s'enrichir aux dépens des acheteurs. Si un
pareil avantage existoit en faveur des agriculteurs ou propriétaires de fonds de terre ,
ceux-ci auroient toujours tenu le premier
rang parmi les citoyens dont la richesse suit
un accroissement rapide ; ce qui n'est pas :
les fonds de terre produiroient plus de béné-
fice que les rentes constituées à prix d'argent,
ou que les sommes placées dans le commerce;
ce qui n'est pas.

Il faut donc que l'impôt soit réparti sur
tous les citoyens avec la plus grande égalité
possible , et en proportion de ce qu'ils parti-

cipent aux avantages d'une société civilisée. Les Romains qui avoient d'abord établi un cens, une taxe territoriale, *jugeratio*, imposèrent ensuite un droit sur toutes les marchandises qui étoient exposées aux marchés publics, (1) ils établirent des douanes, parce qu'ils reconnoissoient sans doute l'inégalité qui résultoit de l'impôt unique territorial, ou plutôt ils jugeoient que le fruit du travail de chaque citoyen devoit contribuer à la formation du revenu public. Les esclaves du gouvernement, *servi publici*, n'offroient-ils pas aussi en quelque sorte une portion du travail des sujets de l'état ? lorsque chez les Francs, les Gaulois, et presque chez tous les anciens peuples, on a fait marcher pour le service

____

(1) Remarques extraites de l'ouvrage de Filangieri sur la législation : « l'origine des douanes a » eu lieu du temps d'Auguste qui, après les guerres » civiles, établit l'impôt d'un pour cent sur tout » ce qui se vendoit dans les marchés : *Tacit. annal.* » *lib.* 1, *cap.* 78; et le cinq pour cent sur la valeur » des legs ou de l'hérédité, pourvu que la chose » valût au moins cinquante pièces d'or : *Dion. liv.* » 55, *chap.* 56; ce qui venoit des provinces de l'em- » pire, et encore plus ce qui venoit de l'étranger, » sur-tout les objets de luxe, payoient depuis le » quarantième jusqu'au huitième de leur valeur : » *Plin. hist. nat. lib.* 6, *cap.* 23, *lib.* 22, *cap.* 18. »

militaire des soldats qui étoient fournis par chaque canton ou chaque vassal, n'a-t-on pas reconnu que l'état devoit être soutenu par le concours égal de tous les membres d'une nation ?

La théorie générale que nous cherchons peut se réduire à quatre règles dictées par une raison universelle, aussi ancienne que les sociétés tant soit peu civilisées ; règles dont on ne peut s'écarter sans s'exposer à de funestes inconvéniens.

1°. L'impôt ordinaire ou perpétuel doit être le moindre possible : autrement le souverain blesse le droit de propriété de ses sujets.

2°. Il doit être perçu de la manière la moins onéreuse ; la moins vexatoire ; autrement il ne seroit pas le moindre possible. La perception de l'impôt doit être par conséquent telle que certaines classes de citoyens, ne pouvant l'éluder, elles ne fassent tomber ainsi sur les autres classes la presque totalité de l'impôt.

3°. Il s'ensuit de-là que l'impôt doit être proportionné aux facultés de chacun, et modifié suivant les circonstances locales : autrement on blesse l'équité ; car l'impôt seroit trop onéreux pour une partie des sujets de l'état.

4°. Quoique l'impôt doive être le moindre possible, il doit néanmoins excéder les besoins ordinaires de l'état et former un revenu public annuel qui surpasse les dépenses indispensables du gouvernement en temps de paix. Cet excédent s'accumulera dans le trésor public, *ærarium*, et pourvoira aux dépenses accidentelles, comme pour une guerre, dans une disette, etc. autrement le souverain n'agiroit point en père de famille, et auroit négligé de pourvoir à la sûreté publique, ou plutôt se trouveroit exposé aux engorgemens des opérations financières.

En analysant les quatre règles précédentes, on les trouvera toutes contenues dans cette proposition unique dont elles sont le développement ; savoir, dans la première règle, *l'impôt doit être le moindre possible*.

Reprenons ces quatre règles dont l'examen conduit à une infinité de détails qui forment les difficultés de la théorie dont il s'agit. Il suffira d'avoir indiqué les branches principales de ces détails : la raison naturelle des administrateurs de la chose publique leur fera trouver les autres ramifications de l'arbre du système financier, arbre dont les branches doivent ombrager tout un royaume, mais dont les racines s'étendent, pour ainsi parler, dans tout le sol végétal, et vont naturellement , sur-tout là où la terre fournit le plus de sucs.

Première règle. L'impôt , avons-nous dit, doit être *le moindre possible*. Il n'en résulte pas que l'impôt doive être nécessairement modique; mais on doit en conclure que l'impôt ne servira qu'à pourvoir aux besoins ordinaires très-réels ou accidentellement urgens d'un état : ainsi dans les royaumes où la paix ne peut s'affermir qu'en entretenant continuellement des troupes de terre et une marine , il faut que l'impôt fournisse cet entretien. Aucune dépense publique ne doit être déterminée que par une évidente nécessité. Là où l'administration de la justice se trouveroit plus exacte et plus parfaite en étant confiée à des magistrats stipendiés par le gouvernement , l'impôt doit fournir à ces gages.

Une objection capable de saisir beaucoup de spéculateurs en politique vient nous embarrasser et contrarier notre première règle de la théorie des impôts : cette objection consiste en ce que réellement la multiplicité des impôts donne la plus grande intensité à l'industrie nationale ; voici comment : le gouvernement qui veut exiger de grands travaux de la part des citoyens , et porter au plus haut point la force productive de l'industrie nationale , doit avoir continuellement les

moyens de salarier ces travaux : s'il avoit en
sa disposition des mines d'or ou d'argent, ce
moyen s'épuiseroit ou s'affoibliroit par sa
propre abondance, parce que plus on répan-
droit des espèces monnoyées en grande quantité, plus les travaux et les denrées hausse-
roient de prix qui est toujours relatif à la
quantité des espèces répandues. Il faudroit
donc toujours payer en plus grande quantité
d'espèces, à mesure qu'on auroit précédemment répandu des espèces en quantité ; cette
progression causeroit bientôt l'avilissement
du prix des espèces, qui diminueroit parce
qu'elles deviendroient trop communes, si
toutefois on avoit des mines inépuisables :
ainsi les découvertes des mines n'offrent qu'un
secours passager ; elle ne forment point une
richesse stable et réelle.

Un meilleur moyen pour soudoyer les travaux et l'industrie nationale, c'est lorsque le
gouvernement s'empare exclusivement d'un
commerce ou d'une marchandise : tel qu'un
gros marchand ou un riche commerçant qui
a de quoi entretenir une foule d'ouvriers pour
féconder ou embellir ses possessions, tel
alors le gouvernement possède une richesse
sans cesse renaissante qui lui sert à entretenir
des troupes sur mer et sur terre, à soudoyer
les agens multipliés de l'administration, à

faire exécuter des travaux utiles ou de pure
décoration : c'est ainsi qu'en s'emparant du sel
et du tabac , le gouvernement français repompe toujours une grosse somme qui forme
une portion considérable du revenu du fisc :
c'est ainsi qu'en vendant le papier timbré , il
en repompe une autre, etc. S'il pouvoit faire
chez l'étranger un commerce exclusif soutenu
par sa marine royale, il envahiroit des sommes
énormes ; mais ce commerce exclusif seroit
trop funeste ; il anéantiroit l'industrie nationale : le souverain lui-même en seroit trop
puni ; car la force de famille qui doit régner
dans son état seroit détruite. Quelle force
de famille offriroit une maison privée , où le
père bouffi de graisse ne seroit entouré que
d'enfans pâles et décharnés ?

Il semble qu'une denrée de première nécessité , comme le sel , ne devroit point être
à la merci du fisc : la raison naturelle se révolte contre cette espèce d'usurpation , aussi
a-t-on été obligé d'accorder des priviléges à
certaines provinces qui sont dispensées d'a-
cheter le sel trop chèrement. Ici sont les
grandes gabelles ; ailleurs on n'a pu établir
que les petites ; ailleurs sont les provinces
rédimées : de cette diversité naît le besoin
d'hérisser un royaume de gardes pour empêcher la contrebande, et j'aimerois presqu'au-

tant que le gouvernement s'emparât de tout le commerce du blé, comme de s'être emparé de la vente du sel.

Tous les priviléges exclusifs que le gouvernement s'arroge, offrent des prohibitions qu'il faut maintenir à main armée : on blesse ainsi la liberté naturelle des sujets ; car réduire la liberté d'un citoyen à celle qui consisteroit presque uniquement à promener son corps là où il veut, c'est presque annuller cette liberté. Nous examinerons plus bas les espèces d'impôts qui paroissent préférables : contentons-nous maintenant de faire attention à l'objection que nous nous sommes proposée. Un gouvernement riche des impôts publics peut continuellement commander de grandes choses, ou du moins en arrachant l'argent de la main des sujets, il les oblige d'en gagner d'autre. Faut-il donc que l'impôt ne soit pas le moindre possible ?

Une théorie où l'on admettroit une pareille conclusion, conviendroit aux tyrans et non aux peuples qui ne pourroient l'envisager que sous un aspect odieux : quoi ! on veut nous mettre sans cesse aux prises avec la nécessité impérieuse de pourvoir à notre subsistance ? mais cet extrême besoin d'un travail forcé fût-il jamais le signe du bonheur public ? quel père voudroit atteler ses enfans à la charrue,

pour voir ruisseler leur sueur qui féconde-
roit le terrein ? Imposer des tributs énormes
sur les citoyens, n'est-ce pas les traiter en
bêtes de somme ? encore, s'il y avoit quelque motif plausible pour exiger des travaux
excessifs de la part d'une nation naturellement industrieuse : n'est-on pas convenu qu'un
état qui se concentre dans de justes limites,
est plus véritablement puissant que celui qui
veut trop s'étendre en conquêtes ? Le soin le
plus important des monarchies, est de s'y
défendre des incursions ennemies. Pour qui
donc sera le grand travail qu'on exige du
peuple ? est-ce pour nourrir dans la mollesse
et la débauche une trop nombreuse classe
de citoyens oisifs ? est-ce pour rassembler
dans une capitale tout l'or des provinces ?
est-ce pour prodiguer aux courtisans des richesses violemment recueillies et arrachées
des mains de l'infortuné laboureur ? ah ! non,
certainement : nul motif plausible n'oblige
à accabler les peuples de tributs. Qu'on en-
courage l'industrie nationale en donnant de
l'aisance au peuple, plutôt qu'en le rendant misérable, et on réussira sans doute
mieux.

*Seconde règle. L'impôt doit être perçu de la
manière la moins onéreuse, la moins vexatoire, celle qui ne permet nullement à quelque*

classe de citoyens d'éluder la contribution à laquelle chacun doit participer.

La justice de cette règle est évidente, et ce n'est qu'en s'appuyant sur des vérités incontestables, qu'on parvient à démontrer des vérités contestées : recherchons donc quel est l'impôt le moins onéreux, celui qui peut le moins être eludé ; ce sera sans doute le plus simple et celui dont la perception exige le moindre nombre d'agens du fisc.

Si le gouvernement s'empare exclusivement de la vente d'une denrée ou marchandise comme sel ou tabac, il doit en fixer le prix qui soit à-peu-près le même dans tout le royaume ; ce qui le dispense d'entretenir des commis et des gardes dans l'intérieur de l'état. S'il établit une taille ou taxe d'après la déclaration que chaque citoyen seroit tenu de faire de ses revenus (1), il doit prendre

____

(1) On a dit que l'honneur étoit un grand mobile à faire valoir par le gouvernement politique du peuple français : si ce peuple est réellement plus susceptible que les autres d'un si beau sentiment, il est inutile de chercher davantage pour la France la théorie de l'impôt : cette théorie est trouvée. Qu'on exige une déclaration précise du revenu ordinaire de chaque citoyen , même de ceux qui font leurs profits dans le commerce, pour lesquels on balancera, soit les dangers qu'ils courent, soit l'in-

garde à ce qu'il ne s'élève point un combat odieux entre le citoyen et le fisc ou le fermier de l'impôt : le premier voudra diminuer la somme de sa déclaration, le second voudra l'augmenter. D'un côté le sujet voudra tromper le fisc ; de l'autre côté les agens du fisc, craignant toujours d'être trompés, chercheront à vexer le sujet : au milieu de cet embarras, je pense qu'il n'y a que les administrations provinciales divisées en administrations de districts ou de communautés, qui puissent opérer une juste répartition de l'impôt. Dans ces assemblées, l'intérêt de chacun exige que la répartition soit équitable : les hommes prépotens y rencontrent une force réprimante qui annulle cette prépotence dont ils voudroient user pour se dérober à une partie de l'impôt : le fisc n'y sauroit étre trompé par les ruses des citoyens, parce que

certitude de leurs profits ; qu'on exige une contribution de chacun sur une portion déterminée dut revenu qu'il aura et qui excédera une certaine somme ; qu'on attache une note d'infamie à tous ceux qui, par de fausses déclarations, auront voulu tromper le fisc, ou, pour parler plus juste, auront voulu ainsi tromper la patrie : cette loi, dont les Égyptiens avoient fait un heureux usage, établira d'une manière fixe et simple le revenu de l'état.

trop de témoins intéressés déposeroient con-tre de fausses déclarations.

Je sais qu'on a fait des objections contre l'établissement des administrations provin-ciales, et on a pu en faire, parce qu'il n'y a aucune institution humaine qui n'offre néces-sairement quelque inconvénient à redouter. Le code civil et le code criminel laisseront toujours aux ministres des lois les moyens d'abuser de leur ministère, à plus forte raison le code des finances ne peut être formé, sans qu'il s'en ensuive certains inconvéniens. L'im-pôt même le plus juste a quelque chose d'odieux de sa nature : faut-il s'étonner que les lois les plus sages sur la perception de l'impôt puissent être blessées ?

L'origine de l'impôt est dans la perversité dont les effets sont les plus funestes pour le genre humain, et qu'il faut réprimer : cette perversité répandue chez toutes les nations réunies en corps fait qu'elles cherchent à s'entre-dévorer. Il faut que chacune d'elles se tienne en garde, pourvoie à des dépenses publiques : des masses énormes tendent à s'entre-heurter, à se briser les unes contre les autres avec une force épouvantable ; on ne peut contenir ou prévenir la rudesse de ce choc horrible que par de grands moyens : de-là vient la nécessité de l'impôt : le code

des finances émané d'une source aussi impure ;
quelle que soit la sagesse de son auteur, peut-
il établir des dispositions qui ne soient souil-
lées par quelque abus ? C'est ici où la législation est principalement livrée à l'homme,
et où les lois divines de la raison et de l'équité
tracées au fond de son cœur se trouvent les
plus impuissantes. Il ne reste donc qu'à
choisir les partis qui exposent à moins d'abus:
or de tous les moyens propres à répartir
équitablement les impositions, celui qui donnant lieu à moins d'inégalités doit être pré-
féré, réside dans la confiance qu'on accorderoit à des administrations provinciales (1)
pour régler cette répartition.

Si on adoptoit l'impôt territorial, le ca-
dastre qui devroit offrir la valeur de chaque
propriété ne pourroit être formé que sous
l'inspection des administrateurs nommés par
les sujets de chaque province.

Je ne parlerai point ici de plusieurs espèces
d'impôt très-défectueuses de leur nature :
ainsi je n'examinerai point tous les inconvéniens qu'on a suffisamment reprochés à l'établissement de la capitation. Imposer les citoyens par têtes, c'est leur faire payer l'air
qu'ils respirent ; car pourquoi les impose

______

(1) Ou à des états-provinciaux.

t-on ? c'est parce qu'ils existent ; tant de citoyens , *ergò* , tant de contributions : on leur
fait payer le droit qu'ils ont de vivre , comme
si ce droit accordé à chaque individu par le
créateur émanoit du gouvernement ou de la
patrie ; comme si l'impôt qui n'est rien autre
que la collection d'une matière réelle pouvoit
être assis , autrement que sur cette matière,
sur des fonds ou sur des revenus réels.

Je ne parlerai pas non plus des corvées ;
si on les exige des sujets qui n'ont point
d'autre ressource , pour contribuer à l'impôt,
si ce n'est leur travail , cela suppose qu'ils
ont besoin de leur travail pour se procurer
leur subsistance , et dans cette supposition
ils doivent être à l'abri de toutes sortes d'impôts : si on exige des corvées réelles de la
part des sujets qui ont des moyens suffisans
pour vivre , il seroit égal d'exiger d'eux une
prestation en argent pour payer les travaux
publics dont il s'agit : c'est les vexer que de
ne point leur laisser l'option entre une prestation pécuniaire et la corvée réelle.

Il n'est pas douteux que, si l'on pouvoit
se borner à percevoir uniquement l'impôt territorial , celui-là seroit le moins onéreux
et le moins vexatoire de tous. Mais avant de
déterminer dans un royaume qu'on s'en tiendra
à un tel impôt unique , il faut comparer les

besoins de l'état au revenu de son territoire : car un tel impôt unique seroit bien ridicule dans un pays dont le territoire seroit stérile et très-borné, ainsi que là où le commerce fait la principale richesse de la nation. Les douanes sur les limites de semblables états et quelquefois dans l'intérieur de ces états, y sont le seul moyen de remplir le trésor public d'une partie des profits d'un commerce accrédité.

Bien plus : avant de déterminer s'il faut s'en tenir à un impôt unique tel que la dixme royale proposée par M. de Vauban, il faut examiner si cette unité n'altéreroit point l'égalité de répartition suivant laquelle toutes les richesses des citoyens protégées par la force publique doivent proportionnément contribuer au maintien de cette force publique : nous tombons ici dans les questions relatives à la troisième règle de notre théorie.

Troisième règle. L'impôt doit être proportionné aux facultés de chacun.

Cette règle considérée en général est évidemment juste ; mais la théorie de l'impôt adoptée par les économistes qui ont marché sur les traces de M. Quesnai, contrarie cette règle, sans qu'ils s'en doutent. D'où vient que le système des économistes leur paroît inébranlable : c'est qu'ils prennent une hypothèse générale , pour une hypothèse qui doit toujours être admise en particulier : voici comment ils raisonnent pour établir la nécessité d'un impôt unique territorial : la terre, disent-ils , est l'unique source des richesses; il faut aider le plus qu'on peut la réproduction annuelle , et la rentrée des avances pour l'autre réproduction. Sur le produit net se paient le cultivateur , ensuite le propriétaire , ensuite les officiers de l'état qui maintiennent propriété et sûreté. Les hommes qui n'ont que leur industrie fournissent des travaux utiles ou agréables , mais n'augmentent pas dans un sens la richesse primitive; ils en sont stérilement les consommateurs: car pour faire une étoffe , le fabricant exige de l'argent qui représente les alimens qu'il a besoin de prendre : ainsi il n'y a que les propriétaires sur lesquels puisse tomber l'impôt.

Si le projet d'une monarchie universelle imaginé par l'abbé de Saint-Pierre étoit d'une exécution possible et se trouvoit réalisé , l'unité de l'impôt territorial simplifieroit le code des finances , et l'application des principes des économistes seroit d'autant plus juste , que n'y ayant plus de guerres , il y auroit moins de nécessité pour exiger des tributs. Les différens royaumes étant confondus

fondus sous un seul gouvernement, tout se compenseroit entre les divers habitans de la terre, et on pourroit dire qu'en dernière analyse tout l'impôt se rapporte à la richesse primitive qui consiste dans la végétation annuelle : mais il faut raisonner pour différens gouvernemens, où les dépenses publiques montent au plus haut point. Ici c'est une nation purement agricole où l'impôt territorial peut très-convenablement être le seul établi : ailleurs c'est une nation commerçante ; ailleurs une nation guerrière : l'une de ces dernières ne vit que d'industrie, l'autre que de pillage ; les richesses de ces deux nations ne tombent point assurément sous l'impôt territorial.

En reconnoissant l'extrême différence qu'il doit y avoir entre l'impôt perçu chez une nation purement commerçante, et l'impôt perçu chez une nation purement agricole, nous reconnoissons en même temps que chez une nation qui seroit à la fois agricole et commerçante, l'impôt doit frapper le territoire ainsi que le commerce : autrement chaque sujet ne contribueroit point également à la dépense publique.

Chez une telle nation, il faut distinguer le commerce intérieur, d'avec le commerce extérieur : quant au commerce intérieur, les

M

entraves que les impôts mettroient à la circulation, la dépense qu'entraîneroient les agens
multipliés du fisc, et qui rendroient ces impôts trop onéreux et vexatoires par leur perception ; enfin l'application des raisonnemens,
précédemment rapportés des économistes,
quand même ils ne seroient point parfaitement
vrais dans toute leur étendue, doivent déterminer le souverain à exempter de l'impôt le
marchand et le commerçant, relativement
aux marchandises : s'il en résulte quelque inégalité dans la répartition de l'impôt, il faut
que les citoyens fassent le sacrifice de la supporter, pour que l'état évite de plus grands
maux ; ces grands maux seroient la gêne in-
troduite dans le commerce, et les vexations
qu'une armée de commis occasionne, sans
empêcher que le fisc ne soit trompé à chaque
instant.

Quant au commerce extérieur, il me paroît qu'il doit subir l'impôt, de manière
néanmoins que ce commerce ne soit aucunement détruit : car les voyages lointains des
commerçans, l'importation qu'ils font des
marchandises étrangères, rapprochent des
richesses que la nature avoit séparées par
d'immenses intervalles. Il n'y a que l'importation des denrées étrangères dont une nation
a véritablement besoin, et qui devant être

favorisée , ne permet que d'y mettre un léger
impôt, ou quelquefois exige qu'on n'en mette
point du tout : il n'y a aussi que l'exportation
des productions de l'industrie nationale , autres que les productions de l'agriculture ,
qui doive subir l'impôt dont nous parlons ,
en supposant que ces productions de l'agriculture ont déjà subi l'impôt territorial ; car
autrement on feroit subir à ces dernières
productions un double impôt ; ce qui seroit
injuste. Mais l'exportation des marchandises
nationales doit être plus ou moins gênée ,
plus ou moins favorisée , suivant les circonstances , et suivant l'intérêt de la nation. Ainsi
tels ou tels motifs particuliers prescrivent de
modifier différemment l'impôt sur tels ou
tels objets d'importation.

Je n'ignore pas tout ce qu'on a dit en
faveur de l'entière liberté du commerce extérieur : je conviens que la liberté absolue de
l'importation attire une abondance des productions étrangères , comme en y joignant la
liberté absolue de l'exportation on facilite
l'échange des productions nationales avec celles
des autres pays ; ce qui donne au commerce
une singulière activité : je conviens encore
qu'un commerce très-actif procure de grandes
richesses ; mais la première richesse consiste ,
suivant les économistes eux-mêmes , dans

l'abondance des denrées de première nécessité. On doit donc principalement envisager cette abondance dans la théorie de l'impôt ; lorsque le territoire d'un royaume est propre à produire les denrées de première nécessité, au de-là de ce que la nation peut en consommer, on n'encouragera l'industrie des agriculteurs à augmenter les productions territoriales, qu'en observant une exacte justice dans la répartition de l'impôt public : l'observation de cette exacte justice me paroît plus nécessaire, soit pour les mœurs, soit pour le bonheur public, que l'introduction d'une abondance de marchandises étrangères servant au luxe, ou d'une abondance du numéraire qu'on attire de l'étranger : car si l'abondance du numéraire fournit des moyens pour former des entreprises et pour accroître la richesse nationale, ce numéraire n'est souvent qu'un signe trompeur de la richesse réelle d'une nation.

En quoi consiste donc cette justice de la répartition de l'impôt, en faveur d'une nation qui est commerçante et agricole tout à la fois? nous l'avons indiqué en commençant ce chapitre, par la distinction des productions spontanées de la terre, d'avec les productions du travail, soit des agriculteurs, soit des autres classes de citoyens. Toutes ces pro-

ductions, avons-nous dit, doivent être soumises à l'impôt, afin que l'impôt soit réparti
également sur chaque portion de la richesse
nationale : or, si nous supposons que l'impôt
frappe déjà les productions spontanées de la
terre, et en même temps le travail des agriculteurs qui accroît ces productions, il reste
à faire contribuer au trésor public les profits
ou le travail des autres classes de citoyens.
Nous avons allégué les motifs par lesquels on
ne doit exiger cette dernière contribution que
sur le commerce extérieur : ainsi lorsque les
étoffes manufacturées chez la nation dont il
s'agit, sont exportées chez une autre nation,
l'étranger les paie en argent, ou plus souvent
par l'échange d'autres marchandises : de quelque manière que cette exportation soit payée,
il n'est pas douteux que le fabricant ou le
commerçant national doit fournir au trésor
public une portion de ses profits.

Le commerce chez l'étranger peut augmenter non-seulement le numéraire qui n'est qu'un
signe, mais augmente encore l'abondance de
certaines productions. Si par exemple les
Français en fournissant leurs étoffes, reçoivent
des toiles des Indes ou de Hollande, du coton,
du sucre, du café, de l'indigo, de la coche-
nille, du tabac ; ces matières payées par l'industrie nationale, dès qu'elles ont été intro-

duites en France, font une partie des richesses propres de la nation. L'impôt qui peut être dirigé uniquement sur l'exportation, ou uniquement sur l'importation des objets d'industrie, ou bien qui peut être partagé entre l'exportation et l'importation, cet impôt, dis-je, en frappant le commerce extérieur, fait contribuer à la dépense publique la classe des commerçans et des fabriquans dont les profits ne doivent point être obtenus gratuitement : si le commerce extérieur étoit exempt de contribution, l'égalité de la répartition de l'impôt seroit rompue.

On a beau dire que ces commerçans ou fabriquans ne pourront faire aucune dépense dans le royaume qu'ils habitent sans participer à l'impôt territorial : ils auront toujours l'avantage de pouvoir gagner dans le commerce beaucoup plus qu'ils ne dépensent, et de pouvoir ainsi accumuler leurs richesses en les tenant à l'abri de l'impôt ; ce qui est au préjudice de l'égalité qui doit régner entre tous les citoyens.

Nous avons sous nos yeux la preuve évidente de cette vérité, en considérant l'accroissement rapide de la fortune des commerçans : nous voyons cette fortune s'accroître malgré les impôts mis sur le commerce : il ne faut point en être jaloux ; la prodigieuse activité du commerçant, les dangers qu'il court, la multiplicité ou l'étendue des objets de ses entreprises, doivent justement lui procurer des profits considérables, et il n'est point étonnant que tel citoyen auparavant pauvre soit devenu riche dans peu d'années : mais comment a-t-il pu accumuler ses richesses ? n'est-ce pas en dépensant moins que ce qu'il gagnoit ? Je demande aux économistes si cet excédent des profits des commerçans sur leurs dépenses doit encore être augmenté par l'exemption de tout impôt qui frappe directement sur le commerce : je leur demande s'il est juste qu'un agriculteur ou un propriétaire, dont les profits sont toujours plus bornés que ceux du commerçant, ne puisse accroître sa richesse, sans que ses profits fournissent une portion du trésor public, tandis que les travaux du commerçant ou du fabriquant pourront accroître la richesse de ce commerçant ou fabriquant, sans contribuer à l'impôt dans une juste proportion ?

Nous avons dit que chez une nation qui est à la fois commerçante et agricole, l'impôt doit se porter sur le commerce extérieur, et doit ensuite se simplifier dans l'intérieur du royaume, en n'étant dirigé que sur les immeubles réels ou fonciers, parmi lesquels on peut comprendre les maisons. On ajoutera au revenu puplic, si les besoins de l'état l'exigent, la vente exclusive de quelque production ou marchandise comme sel ou tabac, pourvu que le prix en soit uniforme dans tout le royaume ; cependant le gouvernement doit abandonner cette dernière sorte de profit, et notamment celui qu'il feroit sur le papier timbré, dès qu'il aura mis ses soins à modérer des dépenses publiques excessives.

Tout se tient dans l'administration d'un état. L'impôt peut gêner ou favoriser le commerce : il y a donc des relations intimes entre les lois sur l'impôt et les lois touchant le commerce : nous parlerons plus bas de celles-ci : la simplification de l'impôt, en diminuant le nombre des prohibitions dont le gouvernement est obligé de s'armer, opère par cette diminution une influence salutaire sur les mœurs et sur le bonheur public : ainsi l'administrateur zélé doit autant songer aux moyens de diminuer les dépenses publiques, comme aux moyens les moins onéreux de percevoir un impôt nécessaire (1) : de-là il

______

(1) Filangieri, en observant que les Français sous Charles VII, ont été les premiers à avoir des troupes sur pied, sous prétexte d'être toujours prêts

résulte que par-tout où l'on pourra se contenter d'un droit perçu sur les marchandises importées ou exportées, et se réduire dans l'intérieur du royaume à l'impôt unique territorial, on aura, je crois, atteint à la plus grande perfection du code des finances.

à repousser les irruptions des Anglais, propose de suivre le système des anciens touchant le service militaire qu'on exigeoit des citoyens dans les occasions de guerre : cette proposition est presque égale à celle d'un impôt unique territorial qui, pour être toujours indistinctement admise, exigeroit que tous les chefs des nations, et les nations elles mêmes, se missent d'intelligence : chose qu'on espéreroit vainement, quels que soient les progrès de la philosophie ; mais on pourroit diminuer la dépense de l'entretien d'un grand nombre de soldats, en ayant des régimens provinciaux, dont les soldats, demeurans dans leurs provinces, pourroient être mariés, avoir un métier, et n'être payés en temps de paix qu'à certains jours d'exercice qui se feroit dans chaque canton, et plus rarement par la réunion de tous les soldats d'une province dans un local commun : les Romains n'ont-ils pas exécuté de grandes choses avec ces soldats mariés ? lorsqu'il ne s'agira principalement que de se défendre chez soi, ces soldats ne devront-ils pas suffire ? ils déserteroient moins que des soldats sans patrie, et auroient plus d'intérêt à combattre courageusement.

Mais doit-on, pour accroître le revenu de l'impôt, en faire une loi somptuaire ? Sans entrer dans aucun détail des inconvéniens du luxe, il me semble qu'en général on peut dans les monarchies abandonner le luxe à ses propres inconvéniens, qui retombent sur les particuliers ; ce qui doit leur servir de motif pour s'en préserver : autrement on gêneroit la liberté du citoyen, qui ne doit subir de gêne que lorsqu'elle est indispensable.

Cependant il est très-raisonnable, après avoir considéré la théorie de l'impôt du côté où se forme le revenu national, de la considérer du côté où ce revenu s'affoiblit, ne prenant point l'accroissement dont il seroit susceptible : sous ce dernier point de vue, il faudroit peut-être mettre une taxe sur tous les citoyens oisifs ou qui n'ont point d'état, de profession, ou de métier ; du moins il ne faudroit pas leur laisser augmenter gratuitement leur luxe ou leurs commodités, en les voyant s'entourer d'un nombre de domestiques, entretenir des chevaux pour leurs équipages ; il semble que les travaux de ces hommes adonnés à une servitude volontaire, au lieu d'être adonnés à la culture des terres, doivent être appréciés ; il semble de même que l'emploi des chevaux pour la commodité des maitres, pour entretenir leur mollesse,

au lieu de servir à des travaux utiles de trans-
port ou de labourage, doit être estimé : or,
puisque le luxe arrache tant d'hommes, et
d'animaux aux travaux utiles, c'est à ceux qui
jouissent de ce luxe à payer une taxe pour
chaque domestique et chaque cheval qu'ils
ont à leur service.

Mais cette espèce d'impôt, comme tant
d'autres, ne peut être adoptée qu'à la dernière extrémité : pour l'établir sans injustice,
il seroit nécessaire d'en exempter les personnes qui n'ont des domestiques et des chevaux que parce qu'elles ne peuvent s'en passer
à cause de leur âge, ou de leurs infirmités,
ou qui n'en tiennent point un trop grand
nombre relativement à leur rang, à leur dignité. On voit ici combien la taxe dont il s'a-
git seroit difficile à déterminer sans commettre d'injustice. Malheureusement les lois
humaines ne peuvent pas toujours atteindre
à une exacte justice, qui est réservée à Dieu
seul.

J'ai posé en principe qu'un monarque dans
son administration devoit se rapprocher, autant qu'il le pouvoit de la Divinité ; il ne
le peut, qu'en imitant la Divinité dans le
cercle de l'ordre qui a lieu sur ce globe. La
justice exacte tient à un ordre antérieur, éternel, incréé, qui se rejoindra nécessairement

avec le même ordre ultérieur, éternel. Dans le milieu que nous occupons, il faut nous conformer à cette justice en tant qu'elle est à notre portée ; dans ce milieu, quel est l'ordre établi par le créateur ? il prescrit le bien, mais il laisse la liberté de faire le mal. Ainsi dans les monarchies, lorsque le souverain ne peut empêcher le mal, sans causer d'autres maux aussi considérables que celui qu'il empêche, il doit laisser agir le mal : lorsqu'il ne peut remplir un acte de justice, sans que cet acte contienne d'un autre côté autant d'injustice, il ne doit rien statuer : la Divinité dans ses jugemens éternels pourvoira au reste. Un souverain mortel qui borne ainsi son pouvoir, reconnoît le point où cesse sa faculté d'imiter la Divinité, et où il ne lui reste que le devoir de confier tout à la Divinité.

En appliquant à la question précédente ces principes généraux qui sont applicables à tant d'autres questions, je conclus qu'il faut s'abstenir tant qu'on peut dans les monarchies des impôts qui formeroient des lois somptuaires.

Venons maintenant à la dernière règle de notre théorie.

Quatrième règle. Quoique l'impôt doive être le moindre possible, il doit néanmoins excéder le montant des dépenses ordinaires du gouvernement.

Cette vérité sera aisément sentie , comme on sent qu'il convient à un chef de famille de mettre en réserve une partie de ses revenus annuels , et d'en former un fonds qui subvienne à des besoins futurs , prévus ou imprévus.

On m'objectera , touchant cette règle , qu'il est imprudent d'offrir aux dissipations auxquelles un administrateur des deniers publics peut se livrer , une ressource coûteuse pour les sujets , et qui doit être soigneusement réservée pour les besoins urgens de l'état : je réponds qu'il est très-possible à un monarque de prévoir ces abus et de les empêcher.

Il est plus facile à un ministre des finances d'abuser des besoins de la nation , lorsque ces besoins commandent impérieusement d'user de ressources extrêmes , qu'il ne lui est facile de prodiguer les fonds du trésor public. S'il est vrai qu'on puisse réprimer les prodigalités d'un ministre , lorsqu'il pourvoit à des besoins pressans de l'état par des impôts énormes , il sera encore plus vrai qu'on pourra réprimer ces prodigalités , lorsqu'elles iront à dissiper le fonds public ; car la nation peut être instruite au juste de la richesse de ce fonds : d'ailleurs ce fonds ayant été amassé insensiblement, a moins coûté d'efforts aux sujets qui l'ont fourni , tandis que des impôts excessifs , mis tout d'un coup , occasionnent mille vexations ; d'un autre côté ce fonds amassé tranquillement, dans des temps calmes, a pu être perçu avec une répartition plus équitable; mais ce qu'il ne faut pas oublier, c'est que le trésor public s'endette horriblement vis-à-vis des sujets ou vis-à-vis de l'étranger, lorsque ne trouvant plus d'objets propres à subir l'impôt, on recourt à des emprunts qui ne sont remplis que par les avantages considérables offerts aux prêteurs (1) : le gouvernement se soumet alors à une espèce d'usure, et on sait bien que c'est là le moyen par lequel les prodigues achèvent de se ruiner.

Les moyens d'administration principaux et habituels , sont ceux qui forment la constitution politique intérieure d'un royaume : il faut adopter sans contredit ceux qui préviennent le mieux les abus qu'il est possible aux administrateurs de commettre. La raison privée des hommes est sujette à des écarts, et sans cesse la raison publique , dont la sagesse est inébranlable, doit prévenir les écarts de la raison privée : ainsi lorsqu'il existe un fonds public où l'on peut puiser dans les occasions

––––––––––––––––––––––––

(1) *Nota* sur-tout que les emprunts viagers ont une influence très-funeste sur les mœurs , en favorisant le célibat , l'oisiveté et le luxe.

extraordinaires, à la vérité une mauvaise administration peut épuiser ce fonds, si elle n'est soumise à des inspecteurs qui la contiennent; mais lorsqu'il n'y a point de fonds public, il est possible aux ministres d'abuser dans leurs manipulations financières d'un besoin dont la nation reconnoît la réalité : des deux abus il faut éviter le pire, et je crois que c'est le dernier.

Pendant la durée d'une longue paix, le numéraire accumulé pour remplir le trésor public manquant dans la circulation des espèces, on ne peut dire qu'il en résulte un grand préjudice pour la nation, parce que les richesses réelles ne consistent point dans la quantité du numéraire qui circule : cependant on pourroit faire valoir ce numéraire dans une banque, en tant que la rentrée des espèces seroit facile, au premier signal du besoin public (1) : il paroît n'être sur-tout important de se prévaloir de ce numéraire accumulé, qu'envers les nations étrangères, qui apportent un abondant numéraire dans leur concurrence à un certain commerce ; et il convient de balancer leurs avantages.

____

(1) Filangieri propose de prêter aux citoyens avec hypothèque et sans intérêt tout le numéraire amassé par l'état, pour être retiré d'eux dans les cas de besoin.

Je pense que maintenant nos quatre règles formant la théorie de l'impôt, sont assez bien démontrées : mais il s'élève une question importante touchant la quantité de numéraire que le gouvernement doit conserver ou augmenter dans une monarchie. La nature de l'impôt, la manière de le percevoir influent considérablement sur cette quantité de numéraire, et comme le commerce y influe encore plus notablement, cette question nous servira de transition entre l'examen des lois sur l'impôt et l'examen des lois sur le commerce.

On reconnoît parmi les richesses relatives de nation à nation, qu'il faut faire cas de la quantité du numéraire dont chacune peut disposer. Sans contester l'influence qu'a sur le commerce étranger l'abondance de numéraire dont une nation est pourvue, je crois qu'il y a d'autres richesses plus réelles qui emportent la balance en faveur d'une nation contre ses voisins : ces richesses sont les productions de l'agriculture ou de l'industrie.

N'y a-t-il point de moyen pour braver la prépondérance d'un numéraire plus abondant qui se trouveroit en mains étrangères ? c'est ce qu'il importe de rechercher.

Comparons la conduite des individus à celle des gouvernemens. Voilà un citoyen sage, sobre, et qui veut jouir d'un bonheur

réel,

réel, régler ses appétits dans cette mesure où le goût ne se blase point, mais use de toute sa sensibilité. Il a une fortune médiocre, mais suffisante : son terrein bien soigné lui produit les meilleurs fruits ; ses vêtemens sont relatifs aux saisons ; il dédaigne les galons et les broderies ; il n'a point de maîtresses chèrement entretenues, mais il aime une épouse vertueuse qui l'entoure d'enfans dont la santé brillante, la gaieté folâtre, les manières affectueuses, l'éducation cultivée décorent sa maison du plus charmant spectacle. Dans ce centre délicieux il jouit pleinement de son abondante médiocrité. Plus loin vit un riche seigneur qui remplit la province de la réputation de sa mollesse et de ses habits fastueux, des fêtes somptueuses qu'il donne, et du choix exquis des plaisirs variés dont il se repaît. Chacun le regarde comme le plus heureux mortel : mais on se trompe ; l'autre citoyen ignoré, qui ne communique avec ce seigneur que pour la vente ou l'échange des denrées dont l'un ou l'autre abonde, est plus réellement heureux que lui.

De même, un état dont les productions vont au-delà des besoins réels de la nation, et qui se trouveroit possédant moins de numéraire que ses voisins, ne doit point jalouser ce numéraire, dès qu'il ne peut servir à aug-

N

menter ses véritables jouissances. L'état dont
nous parlons contient une population dont la
force ne peut être balancée que par des états
voisins dont la population seroit égale, ou
qui soudoyeroient des troupes étrangères.
Mais, dira-t-on, le nombre des soldats ne
suffit pas ; il faut encore beaucoup d'argent
pour faire la guerre. Dites plutôt : il faut
beaucoup de provisions de bouche, beaucoup
de moyens pour les transporter, beaucoup
d'armes, de la poudre à canon, des vaisseaux,
et beaucoup de discipline. Or, dans un pays
abondant et policé, on peut avoir toutes ces
provisions et ces armes avec peu d'argent : on
peut s'y trouver, par la fertilité du sol, par
la population, par la sagesse et la prévoyance
du gouvernement, bien plus fort qu'une nation voisine, dont la plus grande richesse
consisteroit en numéraire. C'est ici où la
force émanée de la nature et dirigée par une
raison éclairée, force qui semble être émanée
de Dieu, une telle force, dis-je, l'emporte
sûrement sur les effets d'une valeur attachée
à une quantité de métal d'or ou d'argent.
On a dit sans doute avec fondement que l'argent étoit le nerf de la guerre : mais cette
vérité ne peut être entendue qu'avec les modifications précédemment indiquées. L'argent
est plus particuliérement le nerf nécessaire

de la guerre offensive , et c'est un grand malheur qu'on ait multiplié les ressources pour faciliter les guerres offensives.

Il nous reste actuellement, pour remplir l'objet de ce chapitre, à indiquer les lois tou-chant le commerce intérieur ou extérieur : ces lois en général doivent sévérement réprimer la fraude, assurer l'exactitude des paiemens promis, et n'admettre que des formes judi-ciaires et brièves : elles doivent étendre la li-berté du commerce dans tous les sens , autant qu'il est possible , suivant les circonstances particulières où se trouve l'administration.

La liberté illimitée du commerce extérieur, qui entraîneroit la suppression des douanes sur les frontières de tous les états , seroit sans doute un effet admirable d'un sentiment de fraternité universelle reconnue parmi les hommes : mais malheureusement ce beau rêve philosophique ne peut se réaliser, pas plus que le plan d'une paix ou d'une monarchie universelle. Le philosophe , en supposant que tous les hommes devront être bons , justes , honnêtes , sait dans son imagination convertir la terre en paradis ; mais le législateur doit sérieusement calculer les effets de la perver-sité à laquelle les hommes sont naturellement enclins.

Les objets de luxe peuvent tomber sous

la législation du commerce : mais le plus grand soin du législateur est de considérer les denrées de première nécessité. Tel est en Europe le commerce du blé.

En général, avons-nous dit, dès qu'on a perçu l'impôt territorial, il convient de laisser une entière liberté au commerce du blé, soit à l'extérieur, soit dans l'intérieur d'un royaume. Il faut néanmoins en prohiber l'exportation dans quelques circonstances où le gouvernement doit tranquilliser les sujets sur la suffisance de leur approvisionnement. Les économistes jugent qu'une liberté illimitée du commerce du blé, en maintient l'abondance, et en entretient le prix dans une proportion toujours égale : mais l'expérience doit plutôt guider l'administration, que si elle ne se confioit qu'à de beaux raisonnemens.

Monsieur le Trône, qui a développé le système économique, roule sans cesse autour de ces deux propositions ; 1°. la reproduction annuelle de la terre est l'unique source des richesses, donc le commerce des grains doit être absolument libre, parce que l'agriculture n'est encouragée que par la liberté et la propriété : 2.° les impôts indirects étant d'une perception dispendieuse, nuisent à la population, à l'intérêt du prince et du peu-

ple : donc il faut se réduire à l'impôt territorial.

Quand même il n'y auroit rien à objecter
contre les principes d'où on déduit ces deux
conséquences, n'y a-t-il pas des principes
d'une grande évidence qu'il ne faut pas non
plus oublier sur la matière dont il est ici
question ? Suivant l'ordre physique, l'appétit
humain a, pour ainsi parler, son étendue ainsi
que certaines bornes : cela est incontestable.
Il s'en ensuit qu'il faut toujours qu'il se con-
somme annuellement chez chaque nation européenne une quantité de blé déterminée.
Quel que soit le prix du blé , quelle que soit
la manière vexatoire de percevoir les impôts ,
ou que soit l'extorsion du numéraire dans
toutes les classes des citoyens , toujours la
quantité de blé nécessaire se consommera ;
car il faut que tout le monde vive. A la vérité
quelques individus peuvent être victimes de
la cherté du blé occasionnée par une mauvaise administration ; mais ces exceptions
n'empêchent pas que ma proposition ne soit
vraie en général. Lorsque la libre exportation
à l'étranger est permise, l'étranger qui, par
son commerce , est riche en numéraire, n'est
point arrêté par la cherté du prix. Il établit
sur ce prix la hausse de ses marchandises. Il
peut calculer qu'en achetant du grain en

France , il doit négliger d'en semer chez lui.
Au lieu de s'attacher à cette production , il
cultive des prairies pour entretenir des haras,
plante des vignobles , entretient de nombreux
troupeaux de brebis et de bœufs , principale
nourriture des pays du Nord. L'Angleterre
et la Hollande font valoir le courtage, les
manufactures, le commerce, et tirent beaucoup de grains de France , dont elles soutiennent le prix fort haut. La France , si la
récolte y manquoit une année, et que les blés
d'Italie ou de Sicile n'y pussent suppléer,
ne trouvant point chez d'autres voisins une
habitude de semer une certaine quantité de
grains, qui pût être communiquée aux Français, se verroit réduite aux dernières extré-
mités. Dans ce cas néanmoins l'égalité de prix
promise par les économistes disparoît.

Je conviens des principes des économistes
sur les avantages de la liberté du commerce,
qui tiennent au droit de propriété. Si dans
l'intérieur du royaume un monopoleur ou
une compagnie de monopoleurs s'empare
d'une denrée de première nécessité, pour en
hausser le prix exorbitamment, ces violens
usuriers sont punissables : la loi a prise sur
eux, et la denrée, se retrouve dans le royaume
par les perquisitions de la justice , dès que le
public a commencé de sentir la disette causée

par le monopole. Mais il n'en est pas de même d'une nation à l'autre : dès l'instant que les monopoleurs hollandois auront enlevé des millions de septiers de grains hors de la France, la justice française n'aura point de prise ni sur les monopoleurs, ni sur la denrée sortie du royaume, et dont il faut attendre patiemment la rentrée, pour subir le prix que le monopoleur voudra imposer. Tant que le numéraire aura cours, les possesseurs d'un plus grand numéraire auront la faculté d'entreprendre plus ou moins de monopoles. Il seroit donc peut-être à propos de ne permettre en France l'exportation du blé que trois mois après la récolte, pendant lesquels chacun seroit censé averti de faire sa provision. Cependant la concurrence d'une grande multitude de monopoleurs est le remède le plus naturel contre les dangers du monopole.

Dans un cas où le gouvernement a besoin d'user de ressources extrêmes pour liquider la dette publique, si la nation possède un territoire dont la fertilité fournit plus de blé que les habitans n'en consomment, on doit espérer qu'il se présentera un nouveau Joseph qui, au lieu de pourvoir à une disette future de grains, pourvoira à une disette du numéraire dont le trésor public est épuisé. Il ne suffira point que cet administrateur ait

la confiance du seul Pharaon , il faut encore
qu'il obtienne pleinement la confiance de
toute la nation : qu'un tel administrateur armé
de zèle , d'une bonne conscience , et de la
confiance publique , commence de songer à
l'approvisionnement du royaume , établisse
même des greniers publics où seront réservés
des grains au-delà de la consommation ordinaire ; que tout-d'un-coup il accapare autant de grains qu'il pourra , et qu'ainsi donnant une hausse un peu forte aux grains qu'il
vendra aux nations voisines qui n'en recueil-
lent point une quantité suffisante dans leur
territoire , il rétablisse le trésor royal , il
force pour ainsi dire le numéraire étranger
à payer la dette du gouvernement. Craindra-
t-il que les peuples voisins usent de repré-
sailles par des monopoles équivalens ? mais
une nation qui possède un territoire propre
à lui fournir tout ce qui est nécessaire à la
vie, ne craint point ces sortes de représail-
les : quoique tout monopole , même à l'égard
de l'étranger , offre quelque chose d'odieux ,
ne peut-on quelquefois l'excuser par rapport
à certaines circonstances ? il seroit sans doute
malhonnête de trop en abuser au préjudice
du genre humain ; mais on y est autorisé en
se bornant à certain profit , comme on est
autorisé à se prévaloir jusqu'à un certain point

des avantages qu'on a reçus de la nature : le
gouvernement français auroit tort de devenir
habituellement commerçant ; mais il pourroit, ce me semble , envahir le commerce du
blé pour quelques circonstances passagères.

Tout pays fécond en blé peut emporter la
balance du commerce par la nature du sol :
la nation y aura d'autant plus d'avantages ,
qu'elle joindra à cette richesse des productions d'industrie dont elle pourroit stricte-
tement se passer. C'est sans doute à cause de
la fertilité du sol que les Égyptiens ont été
appelés de bonne heure au commerce ; les
monumens de l'histoire retracent le commerce par mer des Égyptiens à une date
aussi ancienne que celui des Phéniciens. Toutes les nations réduites par leur situation à
s'enrichir uniquement par le trafic, ne s'en-
richissent principalement que par leur so-
briété , leur parcimonie : c'est pourquoi les
Romains appeloient les Carthaginois des man-
geurs de bouillie : ainsi un pays comme la
France, quel que soit le *déficit* du numéraire,
soit dans le trésor royal , soit dans tout le
royaume, offrira toujours une monarchie très-
riche par elle-même : il ne dépendra que de
l'administration d'en faire la plus riche monarchie de l'univers : un royaume fécond des
productions d'agriculture et d'industrie na-

tionale, prête toujours mille moyens à l'administration pour faire rentrer un gros numéraire dans le trésor public ; et ces moyens doivent, autant qu'il est possible, être employés de préférence contre l'étranger , sans blesser trop les règles d'équité qu'il convient d'observer de nation à nation.

Ce n'est point en vain que les philosophes anciens avoient reconnu un lien de fraternité universelle entre les hommes. Cette fraternité n'est pas seulement fondée sur la sociabilité des hommes , et sur un sentiment de bienveillance mutuelle que l'auteur de la nature a gravé au fond de tous les cœurs ; elle est fondée encore sur des besoins réels : des faits positifs dans l'ordre physique et moral exigent cette fraternité : l'enfant , le vieillard et l'homme impotent ou malade , ont besoin du secours des hommes sains et robustes : un sexe a besoin de l'autre : l'homme et la femme ont besoin d'enfans , par la même raison que l'enfant a besoin d'un père et d'une mère : les peuples ont besoin d'un chef : les chefs des nations ont besoin d'un certain concours de la volonté générale de leurs sujets, et sont ainsi , heureusement , comme forcés de se rendre justes et bienfaisans dans leur administration : les habitans des pays glacés du nord ont besoin de l'eau-de-vie ou des

vins recueillis dans les territoires méridio-
naux : tel peuple a besoin du riz produit dans
un autre pays ; tel autre du grain : les habitans des vallons ont besoin du bois qui s'élève
dans les montagnes : les habitans des montagnes ont besoin des grains et des pâturages
qui naissent dans les vallons : nous ne fini-
rions pas , si nous suivions l'énumération des
productions voisines ou lointaines , dont la
communication est utile ou agréable entre
les divers habitans de la terre : or , ces faits
de la nature attestent la nécessité d'un sentiment de fraternité existant parmi tous les
hommes : il semble qu'il devroit en résulter
une liberté entière du commerce de nation
à nation : mais tant qu'il y aura des nations
jalouses ou ennemies les unes des autres , ou
commandées par des chefs avides et ambi-
tieux , il faudra qu'elles se tiennent réciproquement en garde : les législateurs de ces
diverses nations ne pourront se livrer entièrement à la douce pensée de regarder tous
les habitans de la terre comme ne formant
qu'une famille , et devant se communiquer
avec une liberté absolue toutes les productions de leur territoire et de leur industrie :
telle nation doit se prévaloir de la fécondité
en grains de son territoire ; telle autre de la
bonté de ses vignobles ; telle autre placée sur

un sol stérile , -doit suppléer par son industrie et son commerce aux biens que la nature
avare lui a refusés : enfin , je le dis à regret,
telle autre nation , où la population s'est fort
acccrue , doit verser l'excédent de sa population sur les autres états, et lorsque cet excédent ne trouve pas à se nourrir au moyen de
l'agriculture et du commerce , faut-il bien
qu'il prenne les armes , et aille s'établir sur
les terrains où siégent l'abondance, la mollesse et le luxe.

Cependant au milieu de cette lutte d'industrie et de forces, le législateur doit, autant
que les circonstances le lui permettent , relâcher tous les liens odieux des systêmes exclusifs ou prohibitifs , et se ressouvenir du lien
de fraternité qui convient originairement à
l'espèce humaine. Avant qu'une prohibition
soit prononcée , il faut qu'une nécessité indispensable de cette prohibition soit reconnue
chez le peuple dont le soin lui est confié.

Résumons.

Chez une nation purement agricole, l'impôt
territorial est le seul qui puisse se percevoir.
Chez une nation purement commerçante,
l'impôt ne peut frapper que sur les profits du
commerce. Toujours l'impôt doit être dirigé
sur les productions spontanées de la terre, ainsi
que sur les profits des travaux des citoyens.

Chez une nation à la fois commerçante et agricole, dès qu'une bonne administration est parvenue à liquider la dette publique, à modérer les dépenses de l'état, il faut se réduire à l'impôt territorial, joint à une taxe sur les marchandises importées ou exportées, en laissant une entière liberté d'exporter les productions territoriales, qu'il suffit d'avoir fait contribuer une fois à l'impôt. Il faut néanmoins que le gouvernement soit attentif à restreindre la liberté de la sortie des productions territoriales de première nécessité, lorsqu'il est à craindre que ces denrées nécessaires manquent à la nation dont le territoire les a produites.

Chez une nation à la fois agricole et commerçante, où par le malheur des temps la dette nationale est devenue énorme, il ne suffira point que le gouvernement modère les dépenses publiques ; il lui convient encore de s'emparer exclusivement de la vente de certains objets, comme sel, tabac, salpêtre, etc. Mais la trop grande cherté de ces objets seroit une vexation, et le défaut d'uniformité de prix dans le royaume doit être évité. Ces ventes exclusives ne devroient avoir lieu que pour un certain temps ; il importe de les supprimer toutes peu à peu, à mesure que la dette nationale se trouve liquidée.

Plus le gouvernement voudra retirer un gros revenu de l'impôt territorial, plus il doit accumuler ses faveurs sur l'agriculture : de même, plus il voudra augmenter le revenu produit par l'impôt qui se percevra sur les marchandises importées ou exportées, plus il doit modérer ce dernier impôt, et favoriser les commerçans.

Je terminerai ce chapitre, en observant qu'aux lois dont l'utilité est déjà reconnue en Europe pour favoriser le commerce, on devroit en ajouter une très-équitable qui n'avoit point échappé aux Romains : (1) Ce seroit celle qui accorderoit une protection particulière à la personne et aux intérêts des mariniers dignes, par leurs travaux pénibles et leur séparation encore plus pénible de leur famille et de leur patrie, d'obtenir des priviléges. Leurs causes judiciaires devroient être promptement et peu dispendieusement expédiées ; ils devroient encore être exempts de certains tributs ou d'une partie des tributs; car les travaux qu'ils remplissent et les peines qu'ils éprouvent sont un tribut suffisant.

____

(1) Voyez le 5.ᵉ titre du 13.ᵉ livre du code Théodosien.

CHAPITRE X.

*Des systêmes de législation et des lois réfor-
matrices en matière civile, comparées avec
les lois simples d'équité ou de raison.*

Il semble que j'ai fait perdre son temps
au lecteur, soit en ressassant, dans le cours
de cet ouvrage, des idées anciennes sur la
morale et sur la législation, soit en retraçant
dans le précédent chapitre des notions assez
répandues touchant l'impôt. Mais si je ne puis
fournir un ensemble complet de règles utiles
toutes de mon invention, suis-je blâmable
de les puiser ailleurs même dans la plus haute
antiquité ? n'est-ce rien que de démontrer
l'utilité de celles qu'on s'est efforcé depuis si
long-temps de méconnoître ou défigurer?
Croit-on que les idées fondamentales du
bonheur public soient encore à inventer? Un
tissu de règles morales est assez hors d'œuvre,
dira-t-on, lorsqu'on est pressé de délibérer
quelque chose d'utile pour une nation, et
que les représentans de cette nation sont sup-
posés être assez vertueux pour connoître
cette morale antique. Je réponds, que la
tradition de cette morale, dégagée des erreurs

auxquelles notre siècle semble se livrer, n'est point inutile dans un plan de la rédaction des lois. Le sanctuaire des lois est un endroit religieux où il semble qu'il règne une certaine obscurité propre à inspirer la crainte et le respect. Nous ne pouvons y pénétrer qu'à la lueur du flambeau de la morale ; et il faut que de siècle en siècle, de main en main, ce flambeau soit transmis à ceux qui veulent visiter ce sanctuaire. Malheur au profane qui oseroit éteindre ce flambeau, ou en obscurcir la lumière, qui doit être conservée d'âge en âge, comme le feu sacré dont les vestales devoient entretenir la durée dans le temple de la déesse.

Quant aux principes touchant l'impôt, j'ai dû les envisager non-seulement pour conserver le rapport et le lien qui les attachent aux autres parties de la législation, mais encore parce que le droit de législation dépend beaucoup de ces principes, ou s'exerce d'après ces principes. Car c'est en partie de l'intérêt que chacun met à la conservation ou à l'amélioration de sa propriété, que résulte le droit qu'ont les citoyens de réclamer des lois utiles sur ce point, de les sanctionner par le consentement national. Qu'on y prenne garde : cet intérêt ne se borne point aux impôts ; il s'étend encore à toutes les lois civiles : chaque
citoyen

citoyen a un droit presque égal à la bonté des lois civiles. Celui dont toute la fortune consiste en un arpent de terre, d'où il tire sa subsistance, est autant intéressé à conserver cet arpent, comme celui qui en a mille ; de chaque côté c'est la fortune entière d'un citoyen : de plus, la justice des lois criminelles est aussi intéressante pour les pauvres que pour les riches ; or, comme les assemblées nationales n'ont point à s'occuper uniquement de l'impôt, mais encore de chaque partie réformable de la législation, il y a plus de motifs pour considérer la population, que pour considérer les droits actuels de propriété, quand il s'agit d'élire les représentans d'une nation.

Quoi qu'il en soit, il suffira dans une assemblée nationale qu'on délibère des lois utiles : la bonté des lois suppléera toujours à la légitimité du pouvoir qui les adopte ou les fait promulguer, parce que la raison et l'équité sont antérieures à toute puissance humaine.

En rendant ici compte des motifs que j'ai eus pour retracer certaines vérités et les adapter à mon plan, je tends à prouver que ce plan ne peut être appelé proprement un système, à moins qu'on n'appelât système ce qui n'est composé que de vérités évidentes.

O

Pour disposer ce plan avec assez de régularité sous les yeux du lecteur, je suis obligé de reprendre quelquefois des idées précédemment énoncées, comme l'artiste qui tisse une étoffe où il veut faire ressortir un beau dessin, reprend à propos tels ou tels fils pour former la suite de sa tissure.

L'expérience et l'histoire de tous les temps nous démontrent que les bonnes lois soumettent facilement la généralité des sujets d'un état : soutenues par cet assentiment général, elles bravent les oppositions, les résistances d'un certain nombre d'individus, ou même de certains corps qui voudroient maintenir des établissemens injustes. Comme la loi n'est équitable qu'en tant qu'elle a pour objet le bien général, elle intéresse à son empire la généralité des sujets d'un état. Intéressés à l'exécution de cette loi, leur force prépondérante lui donne un ascendant irrésistible. C'est ainsi qu'il appartient à la puissance du législateur de s'aider de la puissance de la multitude. C'est alors seulement qu'il est le représentant de la Divinité. Pareil à cette Divinité, il s'avance avec une majestueuse et noble assurance au milieu des élémens conjurés, traverse les nuages, la foudre en main, imprime la terreur aux foibles mortels, et dissipe l'orage quand il lui plaît.

Oui , je le répète , les bonnes lois ont une autorité qui s'établit indépendamment de l'illégitimité du pouvoir qui les adopte. Qu'on suppose par exemple qu'un monarque, voulant faire naître l'ordre dans ses états , a convoqué une assemblée nationale : à cette assemblée , des corps puissans refusent de comparoître : leur absence semble avoir rendu incomplète l'assemblée nationale : d'où on peut induire qu'elle est illégale , si toutefois une assemblée où tous sont appelés , et où la majeure partie de la nation a comparu par ses représentans , peut être regardée comme insuffisante. Là on établit les lois les plus sages sur la conservation de la propriété et de la liberté naturelle , sur l'égale répartition des impôts , et sur la bonne administration de la justice. Ces lois ont pour soutien la nation , puisque c'est la très-majeure partie d'elle qui les admet : elles sont encore comme défendues par la honte et les remords s'élevans dans l'ame de tous ceux qui voudroient maintenir d'anciens abus. Qu'importe l'illégalité de l'assemblée ? à la rigueur l'assemblée elle-même seroit inutile, si elle n'étoit propre à rapprocher la nation du monarque, et la volonté du monarque suffiroit , pourvu qu'elle fût soutenue par une adhésion générale.

S'il est des cas où il est dangereux d'exciter

des fermentations ou une désunion parmi les divers ordres d'un état, et où il est prudent de ne point convoquer une assemblée natio-nale qui ne seroit point attendue, ni demandée par le vœu général des sujets, faut-il que d'anciennes institutions injustes et funestes prolongent leur règne ? le monarque ne doit-il pas alors, de sa seule autorité, faire des changemens indispensables dans la législation?

Sa seule autorité, dira-t-on, seroit trop foible. Trop foible ! non, rien n'est plus fort que les lois utiles et justes : le prince qui les établit est muni de la puissance publique, parce qu'il tient dans ses mains les armes de la raison universelle. Sa puissance est invincible ; car elle est divine, puisque c'est de Dieu qu'émanent la raison et l'équité. N'a-t-on pas vu de grandes nations se soumettre à des lois rédigées seulement par des hommes qui n'avoient d'autre autorité que leur sagesse ?

Qu'on pèse bien les réflexions précédentes, et l'on n'osera point me reprocher d'avoir pro-posé un plan systématique. Est-ce un sys-tême, de dire que les lois toutes tracées d'avance ou contenues dans notre raison, sont les seules propres à entraîner, à forcer une adhésion, un consentement universel ? est-ce un système, de dire que le pouvoir sou-verain remis à un seul, quand il est tempéré

par les meilleures lois constitutionnelles , est
le pouvoir le plus désirable , le plus utile au
gouvernement des nations ? est-ce un système
de dire que les lois doivent convenir à tous ,
être sues par tous ? ah ! plutôt , reconnoissons que c'est un système , funeste et révoltant de faire de la jurisprudence une science
immense et abstruse : ne soyons point surpris que Montaigne ait dit qu'il vaudroit mieux
n'avoir point du tout de lois , que d'en
avoir en aussi grand nombre que nous en
avons.

La bonté des lois exerce un empire souverain sur les nations , par l'ascendant du besoin qu'ont les nations d'être soumises à de
bonnes lois : elles ne sont bonnes , qu'en tant
qu'elles conviennent à la raison publique : on
ne peut dire qu'elles conviennent à la raison
publique , si la plupart des sujets de l'état ne
sont mis à portée de les connoître et de les
juger : elles ne peuvent être mises ainsi à portée
d'être connues pour être bien observées , qu'en
tant qu'elles sont en nombre petit , mais suffisant , en tant que la jurisprudence est simple , et qu'à quelques modifications près ,
elle se trouve uniforme.

Je ne sais si on pourra rompre la chaîne de
ces raisonnemens qui tiennent, ce me semble,
l'un à l'autre par un chaînon indissoluble ,

mais ce que je sais bien , est que , pour avoir méconnu ce lien , on a causé et on cause journellement de grands maux dans la société.

Disposons une autre suite de raisonnemens également dépendans les uns des autres.

La puissance souveraine entre les mains du peuple ne sauroit être exercée utilement , à cause des embarras , des entraves que la diversité des volontés occasionne. De-là s'en-suit l'impossibilité de l'existence ou de la durée d'une constitution purement républicaine ou démocratique , sur-tout dans des états un peu étendus. Cette puissance ne pouvant y être ainsi exercée , il s'établit naturellement une espèce d'aristocratie , à moins qu'on ne saute , pour ainsi dire , tout de suite à l'état monarchique. Parmi ces aristocrates , il s'élève bientôt un monarque , soit parce que chacun tend à s'élever au-dessus des autres , soit plus encore parce que le gouvernement aristocratique participe aux inconvéniens du démocratique , et parce qu'ils ont l'un et l'autre les inconvéniens de l'anarchie. Le monarque étant établi , ne sauroit gouverner par lui-même , s'il ne se conformoit à des lois qui tiennent à un ordre naturel préétabli : le motif en est , que des lois qui seroient purement de son invention , ne conviendroient point à l'universalité des sujets ,

choqueroient leur raison , n'obtiendroient
point leur assentiment, qui constitue la véritable force du monarque. La législation
sanctionnée par le monarque doit donc être
conforme à la raison universelle de ses sujets :
mais cette législation ne sauroit être formée
par une multitude , à cause des mêmes embarras qui suivent le gouvernement démocratique. Il suffit qu'elle obtienne l'approbation de l'universalité des sujets : c'est une
espèce de miracle, qu'une grande multitude
assemblée , devienne propre à prendre une
suite suffisante de déterminations véritablement utiles pour le gouvernement politique.
Mais un tel miracle a lieu , lorsqu'un grand
homme sait diriger cette multitude , ou l'a
subjuguée par la haute opinion qu'il a inspirée de ses grandes lumières et de la droi-
ture de ses intentions. Alors ce n'est pas précisément la multitude qui agit ; mais , c'est
pour elle et par elle , cet homme dominant
qui est son génie tutélaire. Donc, le bien
public s'opère toujours plus utilement par le
mouvement salutaire , qu'une cause unique
imprime.

Voilà une chaîne de faits positifs dont l'expérience a présidé au gouvernement des nations ; et voilà comment je démontre que l'ouvrage que j'écris n'est point un système ; voilà

dans quel sens je démontre que la législation n'appartient à personne, ou appartient à tous par le consentément qui en est requis, ou émane plus utilement d'un seul, et qu'ainsi le gouvernement monarchique est préférable à tous les autres.

Aussi les formes républicaines ont été d'une invention plus moderne de l'esprit humain ; mais les anciens peuples, guidés plus sûrement par une espèce de sentiment naturel qui étoit, ce semble, l'instinct de leur raison, se sont livrés tout de suite au gouvernement d'un seul. Les mœurs étant anciennement moins dépravées, on ne se précautionnoit point contre le despotisme, ce fruit de la civilisation dans laquelle les germes corrupteurs se développent avec une corruption plus affreuse parmi les grands et les riches, et vont siéger sur le trône, pour le malheur de l'humanité : les anciens peuples, en remettant l'autorité à un seul chef, sous-entendoient qu'il observeroit et feroit observer la justice : cette idée qu'ils avoient sans contredit les rassuroit ; mais à présent que la simplicité des mœurs antiques n'est plus, que nous sommes riches en pensées, en découvertes, en vertus vraies ou factices, et que nous abondons encore plus en vices, il est nécessaire que le gouvernement remis à un seul , soit expressément et authentiquement accompagné de conditions qui préservent la propriété et la liberté du citoyen , dont l'assurance dépend d'une exacte répartition des impôts et d'une parfaite administration de la justice.

Les écrivains appellent quelquefois leur système ou le système de la nature , le tableau d'un ordre qu'ils croient avoir puisé dans la nature : nous entendons ce qu'ils veulent dire ; mais on a combiné tant de systêmes différens dans les diverses sciences , qu'on a raison maintenant de se tenir en garde contre les écrits proprement systématiques ; ces écrits offrent un plan qui s'écarte de l'ordre naturel des choses ; autrement ils ne seroient point réellement systématiques.

Dans des matières aussi graves que celles de législation , il importe de se précautionner contre la légéreté de quelques lecteurs ou de quelques politiques : il seroit cruel qu'une théorie de la rédaction des lois , formée avec réflexion , où l'on n'auroit suivi d'autre règle que celle d'une raison évidente , ou de l'équité naturelle , fût décréditée par un mot , lorsqu'un juriste peu profond jugeant cette théorie , diroit: C'est un systême louable , où il y a des vues utiles ; mais l'exécution en est impossible , car ce n'est qu'un systême.

Peut-on se dissimuler que l'exécution d'un plan systématique en jurisprudence seroit toujours funeste ? tout système dans ce genre mis en pratique sollicite continuellement des réformes , tandis qu'un plan tracé conformément au véritable ordre naturel n'exige jamais de réforme : il suffit même de revenir à ce plan , pour avoir accompli toutes les réformes désirables.

Ce n'est point sans motif que je cherche à me débattre contre ces jugemens faux qui déclarent trop facilement un ouvrage systématique. Lorsqu'en 1786 j'ai publié mon livre sur la réforme des lois civiles , quelques lecteurs dirent : C'est un système trop beau pour être exécuté : cette idée pénétra même jusque chez des ministres d'un grand monarque , ministres qui sembloient ne désirer que de s'occuper de réformes utiles.

J'avois donc tracé un plan systématique , en soutenant que le code doit être connu par tous ceux qui y sont sujets ; en disant qu'il falloit distinguer dans les lois romaines celles qu'il étoit utile d'adopter ou de réprouver ; en démontrant que la jurisprudence la plus simple est la meilleure , qu'un code uniforme dans une monarchie est très-désirable , et que sans cette uniformité il naît mille inconvéniens.

J'écris donc maintenant un systême , en soutenant que les bonnes lois ne sont que l'expression des rapports des hommes entre eux , et comme ces rapports existent indépendamment et antérieurerement à tout législateur mortel , les bonnes lois sont nécessairement telles ou telles , et ne dépendent point de l'arbitre du législateur : si c'est-là un systême , il n'est pas de mon invention ; j'ai tout au plus le mérite d'en avoir fourni un certain développement : ce prétendu systême date d'aussi loin que les plus anciens ouvrages sur la législation : il est d'une aussi haute antiquité que la raison humaine : bien plus il tient à un ordre éternel d'une sagesse incréée.

Ce qu'on peut appeler véritablement systême , parce qu'il a eu et a toujours des conséquences funestes , c'est celui d'une jurisprudence telle qu'on la suit à présent , reste de quelques siècles barbares : les entraves forgées au milieu de cette barbarie nous pressent encore douloureusement , et tant de lumières que nos contemporains ont répandues , ne nous ont point encore suffisamment servi pour nous débarrasser de ces entraves.

Vouloir diriger les jugemens des tribunaux , en consignant dans des livres une infinité de cas particuliers qui peuvent tomber sous l'œil des magistrats , c'est assurément un système erronné et embarrassant ; multiplier les lois , de manière à en rendre l'étude comme impossible, c'est bien pis qu'un système ; c'est heurter le sens commun , etc. etc.

C'étoit purement un système celui de Montesquieu , lorsqu'en distinguant le gouvernement républicain de la monarchie et du despotisme , il assignoit la vertu comme étant le fondement des républiques , l'honneur comme le plus grand mobile dans les monarchies , et la crainte comme la seule arme propre à maintenir le despotisme : la vertu est la base de toute espèce de bon gouvernement sans distinction : si elle paroît plus nécessaire dans les républiques , c'est parce que cette forme politique ne subsiste long-temps que par un artifice qui est presque miraculeux ; car une vertu nationale pure et soutenue est une espèce de miracle : la vertu s'établiroit et se soutiendroit plus sûrement chez un peuple soumis à une volonté unique , dirigée par d'heureuses lois constitutionnelles. L'honneur est peut-être plus nécessaire dans une république que dans une monarchie : s'il n'est vertu , il en a l'apparence , et en produit les effets : il influe donc heureusement dans tous les gouvernemens. Enfin , dire que la crainte inspirée à tout un peuple est l'arme du tyran ou du despote , c'est ne rien nous apprendre : nous savons qu'un voleur, en nous mettant le couteau sur la gorge , nous force à lui rendre la bourse , et cet usage des voleurs ne doit point être proposé comme un système de gouvernement ; car un despote peut être bon , vertueux , honnête , publier des lois utiles , faire bénir son règne , et s'assurer ainsi le trône , beaucoup mieux que par mille satellites toujours prêts à égorger ses sujets.

C'est un plan systématique de faire influer les suffrages dans une assemblée nationale, de telle manière que..... mais la prudence m'impose silence : il est des vérités qu'il faut taire , parce qu'il y a des esprits trop enclins à la dispute qui en abuseroient. Il est d'autres vérités qu'on doit proclamer avec courage , parce qu'il est absolument nécessaire qu'elles soient répandues : or, il suffit d'avoir dit que la bonté des lois supplée aux vices des moyens par lesquels on est parvenu à établir ces lois : le point essentiel est d'opérer le bien public : auprès de cet objet qui est le seul vraiment intéressant , toutes les autres disputes de formes ne sont que des vétilles.

En analysant les vérités politiques, on peut se réduire à deux principales , dont il importe que tout le monde soit pénétré. 1.º Dans un vaste état le gouvernement monarchique tempéré , comme nous avons dit , est le meilleur. 2.º Les lois doivent convenir à la raison de la multitude des sujets de cet état : qu'on établisse la marche de l'administration conformément à ces deux vérités , quelques formes qu'on suive , tout ira bien.

Il est donc plus aisé d'analyser la politique intérieure d'un royaume, que d'analyser notre jurisprudence civile. Qui dissipera cette obscurité où la science de nos lois jette tous les citoyens et même la plupart des juristes? sera-ce les tribunaux qui voient de plus près les inconvéniens de cette science ? Mais depuis plusieurs siècles les corps de magistrature n'ont pas fait un seul pas pour réclamer les grandes réformes qui étoient nécessaires. A Dieu ne plaise que je les soupçonne d'avoir été retenus par un intérêt personnel : la cause en a été dans une fausse admiration pour la jurisprudence dont les magistrats étoient imbus depuis leur jeunesse : le genre même de leurs occupations , les embarras qu'ils ont éprouvés dans leurs jugemens , leur ont fait croire qu'on ne pouvoit jamais assez multiplier les lois pour les tirer d'embarras. Plusieurs monarques ont désiré la réforme entière du code civil : les lumières embarrassantes de la magistrature ont fait paroître l'entreprise comme impossible. En effet, lorsqu'on est ébloui par des rayons de lumière trop multipliés, on n'y voit pas mieux que si l'on étoit aveugle ; ce que les tribunaux devoient demander aux monarques, les monarques l'ont demandé aux tribunaux, et n'ont pu encore l'obtenir ; s'ils n'ont point obtenu d'eux ce plan désirable de réforme, ce n'est nullement par leur refus, mais par leur manière de s'y prendre pour obéir, où ils agissoient néanmoins de très-bonne foi et avec les meilleures intentions.

Maintenant on peut tout espérer de la magistrature, parce que les vues philosophiques sont plus répandues dans tous les ordres de citoyens, qu'elles n'étoient précédemment : c'est parce que je suppose les magistrats remplis des intentions les plus droites, que je leur soumets mes réflexions, et j'ose même les exhorter à se défier de la manière dont ils ont pu envisager la jurisprudence. Qu'ils oublient qu'ils sont spécialement juristes d'une telle province, pour que leurs vues de réforme conviennent également à toutes les autres provinces, où l'on suit un autre style judiciaire, d'autres lois positives.

Le véritable objet des rédacteurs doit être à présent de resserrer les dispositions des lois, au lieu de les distendre. Dans l'état actuel des choses, où, pour simplifier la jurisprudence, on doit s'efforcer d'en astreindre les dispositions en les ramenant le plus qu'il est possible vers les principes du droit naturel, il paroît que les avocats seroient plus propres que les magistrats à fournir des projets utiles, parce qu'ils ont été moins asservis que les magistrats aux lois précédentes : pour mieux dire, les avocats se sont trouvés consacrés par état à faire valoir les antiques principes du droit naturel et de l'équité contre les dispositions littérales et rigoureuses de diverses lois défectueuses, tandis que les magistrats ont semblé se trouver obligés par leur devoir à conformer leurs jugemens à ces dispositions littérales. Cependant je pense qu'en général les magistrats sont plus propres que les avocats à contribuer utilement aux projets de réforme d'un code civil ; car ils sont continuellement obligés, pour fixer leurs jugemens, d'analyser les mémoires et les réponses qu'on leur soumet. Dans ce travail d'analyse, quelque gêne qu'une loi littérale leur ait imposée, leur sentiment naturel d'équité les a sans cesse accompagnés, comme étant inséparable de la raison humaine : ils ont pu toucher au doigt tous les vices de la législation.

Si on ne s'occupoit que de réformer les vices de l'administration de la justice, sans penser à changer les lois défectueuses, on

auroit

auroit toujours une justice mal administrée ; à moins qu'on ne fasse consister toute la justice seulement dans les formes judiciaires, **ce** qui seroit absurde.

Les magistrats sont principalement dignes d'être consultés touchant les points de réforme relatifs à la pratique judiciaire : les inconvéniens qui s'ensuivent des formules vicieuses, sont des faits qui se passent sous leurs yeux, et dont il leur est facile d'indiquer le remède ; mais ne peut-on pas dire que le germe des longueurs et des chicanes introduites dans les procédures, a pris naissance, non pas uniquement dans les efforts des gens de loi pour rendre leur profession plus lucrative, mais aussi dans les embarras occasionnés par les lois elles-mêmes? Ces embarras ont lieu quand la loi n'est point assez précise, quand elle est muette là où elle devroit s'exprimer clairement, quand elle est verbeuse là où elle devroit être muette : est-il étonnant qu'un juge désire alors que les plaideurs l'instruisent plus longuement ? n'a-t-il pas plus de précautions à prendre pour se dérober aux piéges que les plaideurs s'efforcent de lui tendre ? la grande difficulté de la réforme, ainsi que son importance, est donc moins relative aux vices de la procédure, qu'aux vices des lois.

P

Je n'indique ici que rapidement les difficultés qu'offre l'entreprise de la réforme du
code civil ; mais j'en dis peut-être assez pour
épouvanter le juriste le plus intrépide : c'est
pourquoi il est essentiel de résoudre une
grande question sur la rédaction des lois :
question dont, à mon avis, la résolution
mettra fort à l'aise les collaborateurs bien intentionnés qui seront chargés de cette entreprise : je tâcherai de résoudre cette question
de manière encore qu'on ne puisse m'accuser
d'offrir des projets systématiques ; mais je ne
m'adresse point à ces lecteurs qui ne veulent
adopter de moyens de réforme que ceux dont
l'exécution est presque impossible : nous serions bien malheureux qu'ils eussent raison.

Dans l'état actuel de la jurisprudence
civile, qu'il importe grandement de réformer, les rédacteurs d'un nouveau corps de
lois ont à choisir de deux partis l'un : ou
de former leur législation nouvelle sur les
grands principes d'équité, ou de parcourir
chaque loi précédemment reçue, pour appliquer à celles qui paroîtront vicieuses quelque
réforme ou modification, ou addition, ou en
faire la suppression : dans ce dernier sens,
les lois réformatrices en matière civile sont-
elles préférables aux lois simples d'équité,
ou aux lois dictées par la raison, abstraction

faite de la jurisprudence précédente , dont la complication nous embarrasse ? telle est la question qu'il s'agit d'examiner.

Le parti qu'on prendroit de rédiger des lois réformatrices, comme je l'entends, semble se présenter plus naturellement, et par conséquent être plus prudent ou plus utile : il semble moins offrir l'idée d'une grande innovation ; or , c'est un excellent principe en législation de n'admettre d'innovations que celles qui sont nécessaires ; mais il expose à de grands inconvéniens , dont je fournirai ci-après la preuve : examinons d'abord les avantages de l'autre procédé de rédaction en matière civile.

Se pénétrer des maximes d'équité conformes à la raison universelle ; se munir des résultats les plus évidens qu'ont produit les réflexions des grands jurisconsultes sur chaque espèce de droit attribué aux citoyens d'un état civilisé ; s'aider de l'expérience qui prouve l'utilité de certaines lois positives précédemment reçues, n'importe en quel endroit, et qui sont applicables au pays où le nouveau code est attendu ; rédiger ainsi ce nouveau code qui emporteroit l'abrogation des lois anciennes , mais en préservant les droits acquis par la génération présente en vertu des précédentes lois : voilà la grande innovation que tant de

philosophes ont désirée, et que tant d'hommes
attachés au barreau redoutent peut-être ; mais
dans un royaume où tous les ordres de citoyens auroient des sacrifices à faire pour le
rétablissement de la chose publique , les
hommes de loi seroient-ils les seuls à se dérober à cette contribution générale d'où le
bonheur public doit renaître ? tandis que tant
de citoyens se prêteroient à perdre des droits
vicieux dans leur origine , mais légalement
acquis par ceux qui les possèdent , quel titre
auroient les juristes pour conserver tous leurs
profits sans diminution , leurs profits tellement onéreux à la société ?

Mais seroit-ce le cas de se récrier ici contre l'innovation ? non, ce n'est pas même
le cas d'appeler cela une innovation. Des
lois dont l'antiquité date d'aussi loin que les
premières sociétés , à la formation desquelles
la raison a présidé, seroient-elles une innovation ? Des lois tracées par la Divinité dans
le fond du cœur de l'homme , depuis la création de l'espèce humaine , seroient-elles une
innovation ? des lois positives qui ne seroient
qu'un développement de la raison universelle appliquée à telle circonstance, seroient-
elles une innovation ? des lois enfin , qui
résultent d'un ordre moral éternel , incréé,
seroient-elles une innovation ? N'est-ce pas

une absurdité de prononcer ici le mot d'innovation , sous le prétexte qu'on détruiroit
de grands abus occasionnés par l'exemple de
plusieurs siècles ? des erreurs et des abus
qui révoltent la raison universelle , blessent
la justice et nuisent horriblement aux peuples , peuvent-ils jamais prendre une consistance capable d'empêcher le rétablissement
des droits antiques , sacrés et imprescripti-
bles de notre raison ?

Mais la rédaction des lois , faite d'après
des principes simples d'équité qui conviennent à la raison de tous les hommes , n'est-
elle pas un ouvrage que chaque homme seroit capable d'exécuter facilement , guidé par
ses lumières naturelles ? est-il si difficile d'atteindre à des vérités simples ? non , rien n'est
plus à notre portée que ces vérités ; mais
par un contraste singulier , il est bien dangereux d'y mêler ou d'y substituer des erreurs. Nous l'avons déjà dit relativement à la
métaphysique et à la morale : il faut que la
pensée ait parcouru les champs immenses de
la réflexion , pour rapporter les maximes les
plus simples comme d'un voyage de long
cours : cette difficulté vient plutôt de notre
faute que de celle de la nature ; car les hommes se sont tellement déviés à force de raisonner en tout, égarés par cette inquiétude de

l'ame qui n'est jamais contente de son état, qu'il leur est devenu plus difficile de retrouver le droit chemin. Quand les erreurs dont les hommes se sont entourés , courant après la science , n'offriroient point tant de précipices sur leur route , il ne seroit pas moins vrai que la science de la législation , quoique simple en elle-même , exige qu'on suive les plus purs principes et la raison la plus sage , comme la plus éclairée. La vérité est comme le bonheur ; nous la cherchons bien loin, tandis qu'elle est près de nous ; et quand même nous savons qu'elle est très-près, il nous faut une grande sagesse pour la reconnoître et pour en jouir.

Dans la rédaction des maximes générales d'équité, comme dans celle des lois positives, il faut que la réflexion du rédacteur ait embrassé un nombre très-considérable de cas particuliers qui tombent sous la loi générale: c'est pourquoi la capacité du rédacteur ou législateur semble devoir être dirigée en sens contraire de celle du magistrat et de l'avocat : ceux-ci s'accoutument par leurs fonctions journalières aux discusions détaillées, aux applications des lois générales , à des cas particuliers différemment modifiés : si l'on peut user de cette comparaison , leurs yeux ont l'habitude de se diriger des diffé-

rens points d'une surface immense vers l'astre
dominant qui est pour eux la vérité, ou ,
pour mieux dire, une loi : toute l'habileté
de leur ministère consiste à se placer, dans
chaque cause , précisément au véritable point
juste de cette surface, où tel rayon de leur
astre dominant doit les éclairer; mais au contraire le législateur doit diriger à la fois une
multitude de rayons, et sa lumière diver-
gente s'étendre sur toute la surface qu'il veut
éclairer : ainsi, en suivant cette comparaison
des rayons de lumière ou visuels du législateur et des juristes, ils vont en sens contraire
ou très-différent : les uns sont divergens,
les autres convergens : cependant les observations des juristes sont très-utiles pour la
formation d'un nouveau code , parce qu'ils
fréquentent les mêmes voies que celles que
le législateur envisage.

Dans le temps où les philosophes romains ,
épris des beautés de la doctrine morale, la
faisoient consister principalement dans la
science des lois , on avoit raison d'admirer
un Papinien, un Ulpien, un Labéon et tant
d'autres. Quiconque aura réfléchi sur les frag-
mens qui nous restent de leurs écrits, jugera
qu'ils admettoient les mêmes principes touchant la rédaction des lois , que ceux dont
je m'efforce de fournir le développement , et

P 4

qu'une partie de ces principes a été négligée lors de la rédaction qui fut faite sous Justinien. C'est des mains de ces fameux juristes et dans le corps du droit romain que j'ai prouvé ailleurs qu'on devoit et comment on pouvoit recueillir les règles qui conviennent aux codes civils de toutes les nations. Les maximes d'équité naturelle sont de tous les pays, de tous les siècles, de tous les climats. Dans les lois civiles positives, nous ne devons point, ai-je encore dit, nous en tenir absolument et toujours au droit romain, mais à ce qui est véritablement plus utile dans chaque royaume. Telle est la marche que je ne cesserai de tracer, jusqu'à ce qu'on m'en indique une meilleure.

Toutes les fois qu'on dira vaguement : il faut ménager les esprits, convaincre le public de la nécessité d'une réforme, et opérer cette réforme sans violence, on aura sans doute raison. La proposition générale sera très-vraie ; mais cette proposition est-elle entièrement et rigoureusement applicable à toutes les réformes d'une jurisprudence telle qu'on la suit en France ? C'est ce qu'il faut examiner de près. On n'admet aucune vérité en physique, sans l'avoir démontrée par l'expérience. Pourquoi admettrions-nous sans restriction, dans la science des lois ou de la morale, une proposition dont nous n'aurions pas cherché la preuve? Les changemens doux et insensibles sont assurément préférables à toute innovation considérable et tranchante. Mais, si je démontre qu'il y a des points de réforme où cette marche lente et mesurée rend la réforme impossible ou trop incomplette, est-il prudent de conseiller d'user d'une semblable prudence ?

Lorsqu'un peuple se trouve depuis long-temps assujetti à une jurisprudence compliquée et vicieuse, on ne peut préparer l'opinion publique touchant les réformes désirables, qu'en dirigeant l'attention de la multitude sur des vues générales. Le public n'est point propre à s'occuper des détails infinis d'une science où l'on a multiplié les discussions au-delà même de la portée des plus savans. Il est très-philosophique de dire qu'il est utile de préparer les voies d'une nouvelle législation par le vœu général : cela signifie précisément qu'une législation est seulement utile, lorsqu'elle est formée d'après les maximes simples d'équité ou de raison ; car ce n'est que relativement à ces maximes, que les discussions seroient à portée de tous les citoyens. La multitude des sujets d'un état seroit très-fondée à dire : Nous ne voulons de lois que celles dont nous pouvons juger la bonté.

Laissons néanmoins pour un moment le public de côté. Concertons-nous avec les plus savans juristes , pour fixer quelques lois réformatrices , en suivant pied à pied la jurisprudence précédente. Je doute qu'on pût voir la fin de pareilles discussions ou des objections , sans compter les inconvéniens attachés à la rédaction des lois réformatrices, que je veux comparer au procédé simple d'innover le code, procédé dont j'ai tout-à-l'heure montré les avantages.

Considérons , au risque d'éprouver un peu d'ennui , quelques-unes de ces lois réformatrices. Au moyen de ces exemples , nous pourrons tirer des inductions générales touchant la meilleure rédaction des lois. Désirant que mes observations puissent contribuer à l'amélioration de la jurisprudence, j'aurois tort de ne point envisager la rédaction des lois réformatrices dont je parle , sous le prétexte qu'elles ne s'assortissent point à un plan que j'estime préférable ; car , il est possible que les chefs d'un gouvernement jugent que l'opinion publique n'est point assez préparée , pour qu'ils songent à une réforme complette de toutes les parties d'un code civil qui en sont susceptibles. Or, dans ce gouvernement où l'on n'entreprendra d'opérer qu'une partie du bien qu'il y auroit à opérer,

il convient qu'on cherche du moins à se convaincre, par l'expérience, des moyens qu'il
y auroit pour parvenir dans la suite aux réformes les plus désirables : on n'a pour cela
qu'à suivre l'avis de ceux qui pensent qu'il
faut se borner à telles ou telles lois particulières, dont la nécessité paroît la plus urgente. On reconnoîtra, j'en suis sûr, dans
peu d'années, qu'on n'a point assez fait pour
la félicité publique ; et chaque fois qu'on
renouvellera la même marche réformatrice,
on s'exposera à reconnoître de nouveau qu'on
n'a point assez fait.

Jetons nos regards sur la partie la plus
difficile de la jurisprudence française actuelle;
ce qui nous servira d'exemple ; et proposons
des lois réformatrices utiles, nécessaires, et
dont l'effet seroit de diminuer le nombre des
procès, de tirer d'embarras les juges sur certaines questions, de même que les avocats
consultans sur ces mêmes questions.

Je suppose qu'on ne touche point à la conciliation des coutumes françaises : mais comme
la contrariété de ces coutumes occasionne
bien des embarras, on désireroit souvent
d'avoir une loi précise, bonne ou mauvaise,
n'importe, pourvu qu'elle fixât certaines in-
certitudes dans la jurisprudence actuelle,

touchant la réalité ou personnalité des statuts coutumiers.

Je vais proposer, en forme d'exemples, un petit nombre de ces lois, dont la disposition ou l'équivalent est désirée par beaucoup de juristes français.

Première Loi.

« Dans le cas seulement où un père de
» famille, qui a droit de puissance pater-
» nelle, aura transféré son domicile dans des
» lieux où cette puissance n'est point en vi-
» gueur, il n'y pourra jouir des droits réels
» qui lui étoient attribués ailleurs sur les
» biens appartenans à ses enfans, et s'en
» tiendra à la loi de la situation des biens
» relativement à ces droits réels, de sorte que
» ces droits lui seront attribués dans les lieux
» où la loi les autorise en faveur du père;
» ailleurs il en sera exclus (1).

Seconde Loi.

» La majorité ou minorité se réglera sui-

____

(1) C'est le parti qui me paraît le plus simple pour trancher toute difficulté au milieu des divers avis des jurisconsultes, rapportés par Boullenois, *traité de la réalité et la personnalité des lois*, tom. 2, observ. 32.

» vant la loi du domicile actuel (1) ; ceux qui
» sont majeurs ou mineurs, suivant cette loi
» de leur domicile, auront dans tout le
» royaume la capacité que cette loi leur
» donne.

Troisième Loi.

« En général, pour juger de la validité des
» donations entre futurs conjoints ; et de
» l'exécution de ces donations, on se réglera
» par la loi du domicile matrimonial, sans
» faire attention au changement de domi-
» cile (2).

----

(1) C'est l'avis de Rodemburg, de Burgundus
et d'Argentré, que je préfère, comme plus simple,
à celui de Boullenois, suivant lequel la loi du domicile des père et mère, au jour de la naissance, doit
l'emporter, parce que, dit-il, la loi acquiert, sur
un enfant qui naît de parens domiciliés dans l'é-
tendue de son territoire, un droit de veiller sur lui,
jusqu'à ce qu'il puisse veiller pour lui-même. Nous
répondrons que, puisqu'il est permis de changer de
demeure, il est convenable d'être surveillé par la
loi du pays où l'on vit, loi mieux connue des juges locaux et des citoyens auxquels on a le plus à
faire.

(2) C'est l'avis du président Bonhier. Quoique
Boullenois adopte sur ce point plusieurs distinctions
dans l'état actuel de la jurisprudence, il convient

Quatrième Loi.

» Dans les coutumes qui sont muettes sur
» l'incompatibilité des qualités d'héritier et
» de légataire, on jugera pour la compati-
» bilité (1).

Je me borne à citer pour exemple ces quatre
lois que j'ai extraites de la rédaction dont
j'avois fait l'essai d'un projet de nouvelle ordonnance, où j'avois recueilli 114 lois ou articles qui me paroissoient également nécessaires, en supposant que l'on continuât de
respecter l'ensemble de la jurisprudence actuelle : car en soutenant qu'il faut refondre

---

qu'un règlement à ce sujet, qui seroit en faveur de
la loi matrimoniale, préviendroit bien des questions et même des inconvéniens.

(1) Il faut prendre ici un parti. Il seroit presque
égal d'établir qu'on jugera pour l'incompatibilité.
Mon avis est pour la compatibilité suivant le droit romain et suivant les coutumes qui admettent les pré-
legs. C'est ici une affaire de forme dans les dispositions testamentaires, et je crois que plus les lois
gênent les formes, quand cela n'est point évidemment nécessaire, plus elles sont vicieuses. Cependant je dois avertir que, dans les pays coutumiers,
les jurisconsultes sont assez portés à introduire l'incompatibilité qui est le droit général des coutumes,
du moins en ligne descendante.

cet ensemble, je n'ai pas négligé d'en observer les parties, autant que je l'ai pu.

Il me paroît qu'une ordonnance, telle que celle dont je parle, épargneroit mille procès par année dans les provinces de France. Mais en refondant toute la jurisprudence conformément au plan que j'ai tracé, on épargneroit plus de dix mille procès dans le même royaume. C'est dire qu'on épargneroit des inquiétudes à vingt mille familles, et un pareil service rendu annuellement à un royaume, n'est point une chose indifférente.

Je ne dois point dissimuler qu'en se contentant de ces lois réformatrices, on donne plus de consistance à une jurisprudence défectueuse : ce qu'il importe grandement d'éviter. Ainsi je crois être fondé par des motifs évidens à opiner qu'il faut adopter en France un nouveau code civil formé d'après les règles immuables de l'équité, où seroient ajoutées des lois positives uniformes dont les dispositions paroîtroient devoir être les plus utiles dans tout le royaume. Une partie de ces dispositions n'affecteroit que la génération postérieure à la publication du nouveau code.

N'oublions pas sur-tout d'observer que l'entreprise de la rédaction de ce code seroit cent fois plus utile, mille fois plus facile que celle de parcourir et de corriger les parties réformables de la jurisprudence précédente.

Y a-t-il du bon sens, lorsqu'on peut guérir facilement la maladie dont on est affligé, en buvant seulement de l'eau claire, y a-t-il du bon sens, dis-je, de préférer des pillules amères qui ne guérissent que difficilement, ou même peuvent augmenter les maux qu'on avoit déjà ? que faisons-nous en continuant de suivre la jurisprudence telle que nous la suivons ? que ferions-nous en nous contentant d'un nombre quelconque de lois réformatrices qui pallieroient certains maux, en rendroient d'autres éternels, ou ne les guériroient qu'imparfaitement ? j'ai démontré dans mes précédens ouvrages, que la véritable jurisprudence étoit une science facile, à portée de tous les citoyens tant soit peu lettrés. Elle est ainsi, parce qu'il est évident que cela doit être : autrement une jurisprudence qui seroit inaccessible au commun des citoyens, est un monstre qui dévore la société.

Ici j'expliquerai dans quel sens on doit entendre cette sentence de Platon, que j'ai choisie pour épigraphe de ce livre. Lorsque le disciple de Socrate a prétendu que mille malheurs menaçoient les cités où ne dominoient point les philosophes, ou dont les rois n'étoient point adonnés à la philosophie, il n'a nullement compris sous la dénomination

de

de *philosophes*, ceux qui tendent à détruire
la religion d'un état : il n'a considéré que
ceux qui s'appliquoient à l'étude et à la recherche des lois et des institutions politiques
les plus utiles, L'opinion dominante de ces
philosophes entraîne celle de la nation, qui
sollicite impérieusement les réformes les plus
désirables. Cette opinion publique a un ascendant irrésistible : il importe donc qu'elle
soit éclairée, et pour l'être dans tous les
sens, une honnête liberté de la presse doit
être permise.

Contre ces philosophes entraînant à leur
suite la multitude des citoyens les plus sensés
de tout un royaume, les juristes intéressés
au maintien des anciens abus opposeroient-ils
l'idée qu'on a de leurs lumières ? qu'ils y
prennent garde : pour conserver la considération qui leur est due, ils doivent se ranger
du parti de ces philosophes, et s'honorer de
rendre ce parti encore plus puissant : autrement l'opinion utile s'établiroit, et la vérité
se feroit jour malgré eux. Si ce temps n'est
point encore venu, il n'est peut-être pas fort
éloigné.

J'en vois parmi les gens de loi qui font
l'honneur du barreau et ne méritent nullement
d'être confondus dans une foule que le public
regarde, non sans raison, comme étant com-

Q

posée d'hommes de chicane et d'argent. Dès que les tribunaux seront réformés comme ils doivent l'être, que la jurisprudence sera simplifiée autant qu'elle doit l'être, je me plais à espérer qu'il se formera une classe respectable de citoyens, dont les vertus et les services utiles à la société rendront la toge plus justement considérée que la noblesse d'épée. Qui sait si les choses ne reviendront pas au même point où elles étoient dans Rome sous le règne de la philosophie, lorsque les patrons munis d'une haute considération, escortés d'une nombreuse clientèle, marchoient au capitole comme en triomphe, pour y obtenir le titre si flatteur de pères de la patrie?

Après avoir consacré vingt années presque uniquement à des recherches sur les véritables moyens d'améliorer la jurisprudence, je serois heureux d'avoir contribué à augmenter le nombre de ces juristes qui, joignant leur vœu au mien et s'emparant de l'opinion nationale, détermineroient enfin des réclamations universelles, pour que la jurisprudence soit ramenée à l'état de simplicité qui lui convient.

CHAPITRE XI.

Des Lois criminelles.

CONSIDÉRATIONS GÉNÉRALES.

LES désirs plus ou moins vifs qu'on peut comprendre sous le nom d'amour pour un objet quelconque, sont l'élément vivifiant de l'existence humaine. Ce feu bien dirigé agite l'homme, allume son génie, remplit son cœur de douces émotions, tend sans cesse à former son bonheur, et le formeroit réellement, si, par la condition de la vie mortelle, presque toutes les jouissances ne se réduisoient aux illusions du désir et de l'espérance, ou du moins ne se réalisoient très-au-dessous de l'idée conçue au milieu de ces illusions.

Nous n'appellerons ici passions, que les sentimens naturels d'amour ou de désir, portés à une violence extrême et nuisibles aux hommes mêmes qui les conçoivent, ou à la société dont ils font partie. Le législateur qui prétendroit éteindre dans les hommes l'amour ou les désirs, seroit bien peu philosophe : il tendroit à anéantir la nature humaine. Un tel législateur ne seroit point ce

Q 2

qu'il doit être : au lieu d'être conservateur ; il ne seroit qu'un destructeur odieux. Mais l'homme qui préside à la rédaction des lois, doit réprimer les passions, dont l'effet préjudicie à la société, et laisser à la Divinité le soin de punir les passions nuisibles à l'individu seul qui en est possédé.

Les désirs qui sont un feu nécessaire pour échauffer l'ame des mortels, dès qu'ils deviennent passions, offrent un feu brûlant et dangereux, dont il faut se garder d'être atteint. La Divinité a déjà pourvu à ce que ce bûcher fît cruellement souffrir ceux qui s'y précipitent. La fable d'Hercule, consumé par des tourmens affreux sur le mont OEta, dans la tunique sulfureuse dont son amante lui avoit fait un funeste présent, offre une grande vérité. La législation criminelle a pour objet de confirmer et d'étendre cet effet de l'ordre établi par une sage providence. Suivant de justes lois criminelles, tout homme abandonné au délire des passions nuisibles à ses semblables, ne peut toucher le fatal bûcher, sans en être plus ou moins brûlé : autrement l'innocence et la vertu seroient sans cesse *victimées* par le crime.

Il y a tant de combinaisons, dans la société humaine, où se mêlent l'erreur et la perversité, où le législateur mortel n'a point de

prise , et où les méchans trompent la loi divine , ainsi que la loi humaine , et en blessant toutes les deux, se rendent inaccessi-
bles aux punitions prononcées par celle-ci,
que la vertu en tout temps en tout lieu a été
assez souvent crucifiée. Elle n'a laissé au sage
que les consolations offertes par la religion.
Tous les actes extérieurs , dont la preuve
peut être fournie , qui sont nuisibles à la
personne et à la propriété d'autrui , sont
ceux sur lesquels l'homme législateur exerce
son empire : c'est l'objet des lois criminelles.

L'écrivain (1) qui a principalement excité
dans notre siècle l'envie de réformer utilement les lois criminelles , a admis pour principe fondamental de ces lois un axiome , qui
est également applicable à la rédaction des
lois civiles. « La morale politique, dit-il ,
» pour procurer à la société quelque avan-
» tage durable , doit être fondée sur des sen-
» timens ineffaçables du cœur humain. » De
cet axiome on doit conclure que les principales lois civiles et criminelles , si elles sont
les meilleures possibles , doivent être par-
tout les mêmes.

Ce n'est malheureusement que sur les hommes plus ou moins assujettis à la force d'un

______

(1) Beccaria.

gouvernement, sur ces membres nombreux
de la société, qui, pris séparément, sont
les plus foibles, que frappent toutes les
peines infligées par les lois ; de sorte que,
dans une aristocratie, il y a plus d'hommes
qui peuvent être impunément méchans, que
dans une monarchie. Le monarque est le seul
dans son gouvernement qui ne soit pas soumis
à la loi purement humaine ; ce qui prouve
que par lui seul la législation peut être sanctionnée. Il lui importe néanmoins de se soumettre volontairement à l'empire des bonnes
lois, parce que ces bonnes lois étant, comme
nous avons ci-devant expliqué, toutes divines, il y a dans la nature des choses, une
punition réellement attachée à chaque con-
travention à ces lois : il y a aussi une voix
puissante qui, chez tous les mortels, réclame
sans cesse l'exécution de ces lois.

Quoique les crimes contre la vie ou la liberté des citoyens offrent des actes d'iniquité
la plus révoltante, les souverains ont paru
toujours moins soumis aux lois criminelles
qu'aux lois civiles. C'est parce que les occasions où un souverain voudroit disposer in-
justement de la vie ou de la liberté de quelqu'un de ses sujets, sont plus rares que celles
où il pourroit porter atteinte à sa propriété :
c'est parce que les souverains ont un intérêt

personnel à conserver la vie de leurs sujets
et à s'en faire aimer ; ce qui les éloigne d'un
abus trop odieux de la souveraineté ; c'est
enfin , parce qu'ils ne paroissent disposer de
la vie ou de la liberté de leurs sujets , que
par des motifs d'utilité ou de sécurité publique. Mais le monarque , pour se mettre à
l'abri des soupçons qui le feroient regarder comme un tyran , est intéressé à tracer des lois criminelles , approuvées par la
raison publique , et à laisser la garde et l'exécution de ces lois à des magistrats de confiance.

D'où vient , répétons-le , que les monarques doivent moins de soumission aux lois criminelles qu'aux lois civiles ? La solution de
cette question se trouve dans la distinction
des lois divines d'avec les lois humaines. Tous
les crimes dont la preuve est manifeste , sont
punis par la loi humaine ; mais le monarque
est lui-même l'auteur de cette loi , et l'ouvrage ne doit pas être plus fort que l'ouvrier.
Dans la rédaction des lois , il faut discerner
celles qui prescrivent les règles de conduite
que les hommes doivent suivre. Or, ces lois
doivent être presque toutes calquées sur la
loi divine , ou sur une loi de raison qui
équivaut à la loi divine. C'est à ces lois supérieures à toute puissance humaine , que le

devoir des souverains leur prescrit de se soumettre. Mais les hommes qui contreviennent à leurs devoirs les plus respectables, doivent être punis dans un bon gouvernement, et les lois qui prononcent sur ce point, sont les lois afflictives. Les premières sont des lois de conduite ; les secondes de correction. Celles-ci appartiennent davantage au législateur mortel : et voilà pourquoi elles sont nécessairement toujours un peu défectueuses, comme nous verrons ci-après. Or, comme elles appartiennent au législateur mortel, elles ne sont point supérieures à lui.

Si les peuples vivoient en sauvages ou dans l'anarchie, le plus fort l'emporteroit toujours sur le plus foible ; l'innocent et l'opprimé n'obtiendroient justice que de la Divinité dans une autre vie : la ruse et la force aiguiseroient hardiment leurs poignards. Pour arrêter ce désordre affreux, on a songé à établir une grande force réprimante, qui est la souveraineté, ou plutôt l'ordre naturel des choses a déterminé l'établissement du pouvoir souverain, au milieu de chaque peuple plus ou moins civilisé. Cette force confiée aux souverains n'est point censée leur être confiée contre eux-mêmes ; leur pouvoir est une attribution de confiance, ou plutôt, c'est originairement un hommage rendu à la vertu, et

par conséquent à la Divinité. Aussi les premiers chefs choisis par les peuples ont été des
hommes distingués par leurs qualités émi-
nentes. C'étoit, comme si on avoit dit à
chacun d'eux : « Homme vertueux, placez-
» vous à notre tête ; vous aurez un pouvoir
» absolu sur nous ; mais nous vous en con-
» jurons : Que cette force dont vous aurez
» l'usage, empêche sur-tout que les crimes
» ne se multiplient parmi vos sujets. » Aussi
les anciens codes étoient purement des codes
criminels ; les codes civils, formés indépendamment de la théocratie, ont été d'une invention plus moderne. L'homme auquel appartenoit plus spécialement la législation criminelle, que la législation civile, a renversé,
pour ainsi dire, cet ordre naturel ; il s'est
appliqué à forger plus de détails dans la rédaction des lois civiles, que dans celle des
lois criminelles. Les commentateurs de jurisprudence ont suivi ce renversement ; le code
civil a occasionné cent fois plus de commentaires que le code criminel ; et la jurisprudence civile est parvenue à causer une telle
satiété, qu'on s'est totalement dégoûté de s'en
occuper. La complication des lois civiles et
de leurs commentaires ; qui a occasionné ce
dégoût, produit un grand mal, en fomentant
une espèce d'ignorance publique sur un point

très-essentiel ; car les lois de conduite, que nous avons distinguées des lois de correction, méritent plus d'être étudiées que celles-ci. La science des premières convient à tout homme vertueux ; le méchant seul doit spécialement étudier les autres, parce qu'il est intéressé à en éluder l'effet. D'ailleurs les lois civiles, celles qui règlent la conduite des citoyens, tiennent aux maximes pures et certaines de la philosophie morale. Les lois criminelles y tiennent aussi à certains égards, mais beaucoup moins ; fussent-elles prononcées par les plus grands oracles de la philosophie, elles seroient toujours fautives ou insuffisantes dans quelque point.

Un sentiment louable d'humanité a maintenant tourné la plupart des juristes écrivains vers la réforme des lois criminelles. La meilleure réforme seroit sans doute de prévenir les crimes : le meilleur moyen de prévenir les crimes consisteroit dans la réforme des lois civiles, et dans les soins que le gouvernement donneroit à l'éducation nationale. La plus grande difficulté consiste dans l'examen de nos lois civiles, qu'il s'agit de réformer, et comme je me suis occupé ailleurs de cette réforme, je n'y reviendrai point ici. La tâche que le législateur auroit à remplir touchant la réforme des lois criminelles étant plus facile ;

malgré les défectuosités nécessairement liées
au code criminel , je pourrai tracer des vues
suffisantes sur ce code , dans cet ouvrage ,
où je considère seulement en général la théorie
de la rédaction des lois ; mais pour que mes
idées se trouvent classées avec plus d'ordre ,
je diviserai ce chapitre en plusieurs sections ,
quoique je n'aie point employé de telles divi-
sions dans mes autres chapitres.

SECTION PREMIÈRE.

*Des principaux points de réforme dont il
paroît qu'on est généralement convenu.*

Chez une nation éclairée où des juristes,
remplis du noble désir de se rendre utiles à la
société , ont exposé les vices du code criminel ,
les réformes désirables sur ce point sont bientôt assez approfondies. Il n'y a aucune science ,
ni même aucune partie de science qui , exa-
minée dans tous ses rapports , ne jette dans
des détails infinis , parce que toutes les sciences
ont des rapports ensemble ; et comme la
science universelle offre une source inépuisable de discussions , on n'auroit jamais fini,
et on n'établiroit jamais rien d'utile , si on
prétendoit auparavant approfondir tout ce
qui se présente à la pensée : au lieu de suivre

une telle chimère, il est bien plus simple de se borner à corriger les articles d'un code criminel, en ce qu'ils ont d'évidemment défectueux.

Ainsi, dans notre siècle, on a assez écrit pour que les matières se trouvent préparées touchant la législation criminelle. Il n'en résultera point un code criminel parfait : c'est la chose impossible; mais il pourra être perfectionné, autant que cela dépend d'un législateur. Je n'analyserai point ici tout ce qu'on a dit de vrai touchant les lois criminelles (1), ni ne critiquerai ce qu'on a dit de repréhensible. Suivant l'objet de mon ouvrage, je dois me borner à rapporter les idées principales d'après lesquelles le législateur, guidé par sa raison, pourra corriger ou former un code criminel.

Si néanmoins on désire avoir l'analyse des principales vérités répandues çà et là dans divers ouvrages touchant les lois criminelles,

---

(1) On trouvera la liste des auteurs français modernes touchant le code criminel à la suite de l'ouvrage estimable de M. la Cretelle, sur le préjugé des peines infamantes, et de celui touchant le ministère public. Les auteurs étrangers sont cités dans l'ouvrage qui a pour titre : *Elementa juris criminalis, auctore Philippo Maria Renazzi.*

on la trouvera dans cette phrase de Beccaria :
« Pour qu'une peine ne soit pas une violence
» d'un seul ou de plusieurs contre un citoyen,
» elle doit être publique, prompte, néces-
» saire, la moindre qui soit possible dans
» les circonstances, proportionnée au délit,
» et fixée par la loi. «

D'après cette maxime certaine, on con-
clura que l'instruction de la procédure criminelle doit permettre à la partie accusée de
se défendre par elle-même ou par un conseil ;
que la confrontation des témoins avec l'accusé
doit toujours avoir lieu nécessairement, sans
qu'il soit permis de s'en dispenser.

Mais la maxime précédente ne doit point
conduire le législateur sur les traces de Beccaria, pour qu'il prétende former une espèce
d'échelle de tous les crimes possibles, et déterminer une peine pour chaque crime. Blakstone avoit déjà observé que cette prétention
seroit chimérique. Le législateur ne peut prononcer différentes peines que contre différens
genres de crimes ; mais il ne peut descendre
dans l'infinie variété de chaque espèce. C'est
pourquoi le code criminel est nécessairement
imparfait.

Il est de l'intérêt du souverain de conserver
la vie de ses sujets. Rien n'est plus convenable
que ce soin paternel du pouvoir souverain,

par lequel un monarque se réserve de permettre l'exécution du supplice prononcé contre un criminel. Ce soin est aussi précieux que le droit de faire grace : il tient même nécessairement à l'intention qu'a le souverain de pardonner ou de commuer la peine prononcée par la loi, dans tous les cas graciables. Au milieu d'un gouvernement juste, aucun citoyen ne doit être livré au dernier supplice, sans qu'auparavant le prince y ait consenti, en ayant connoissance de son crime : autrement il faudroit confier aux magistrats le droit de s'écarter de l'exécution littérale des lois criminelles, dans les cas où l'équité exige qu'on déroge à ces lois.

L'équité ne permet point de confisquer les biens d'un criminel au préjudice de ses héritiers, qui n'ont nullement participé à son crime.

On doit supprimer toute différence entre le supplice des nobles et celui des roturiers; s'appliquer à éteindre le préjugé des peines infamantes qui s'étend sur la famille d'un supplicié.

On doit toutes sortes de facilités aux témoins pour revenir d'une erreur qu'ils auroient commise en déposant contre un accusé.

Les décrets de prise de corps ne doivent point être trop légèrement prononcés contre un accusé.

Il est juste d'accorder des réparations aux accusés jugés innocens. On les a précipitamment et mal-à-propos emprisonnés, sous prétexte de pourvoir à la sécurité de la société. C'est donc la société qui doit faire les frais des réparations qui leur sont dues, à moins qu'il ne paroisse que ces réparations doivent tomber à la charge de quelque calomniateur.

Il convient encore que les sentences et les arrêts contre les accusés soient motivés.

L'usage de la sellette doit être proscrit, (1) ainsi que l'usage, encore plus odieux, de la torture.

Il y a beaucoup d'inconvéniens de ne pas permettre qu'un accusé fugitif fasse ses preuves de justification sans se constituer prisonnier (2). L'accusé s'exposant, faute de comparoître, à un décret de prise de corps, est souvent assez puni par l'obligation où il est de rester expatrié, ou dépouillé de ses biens pendant le procès. On doit lui accorder la faculté d'avoir un défenseur. S'il est coupable, on est fondé à croire qu'il ne viendra pas se

---

(1) Ainsi que j'avois eu occasion de le remarquer dans mon ouvrage de la Réforme des Lois civiles, 2.ᵉ part. liv. 2, chap. 2.

(2) Voyez les Observations sur la Société, par M. de la Croix.

constituer en prison : mais s'il est innocent, il peut craindre d'être déclaré coupable ; et il est révoltant que cette crainte, qui l'empêche de se montrer, l'exclue du droit de prouver son innocence. L'innocence est comme la vérité qui, dès qu'on cherche à l'écraser, à l'étouffer, prescrit aux gouvernemens vertueux de multiplier tous les moyens possibles pour qu'elle se relève et se produise au grand jour.

Telles sont les réclamations faites par la philosophie contre les codes criminels, où les règles précédentes sont négligées. Entrons maintenant dans quelques détails importans.

SECTION DEUXIÈME.

De l'instruction criminelle.

Il y a deux grandes difficultés à considérer, l'une dans la rédaction des lois criminelles, l'autre dans leur exécution : la première consiste en ce que le législateur ne sauroit prévoir toutes les espèces de crimes, ni déterminer une peine différente pour chaque espèce ; de sorte qu'il est obligé de se borner à régler une juste proportion entre les peines dues à chaque genre de crimes, et d'en laisser l'application à l'arbitre des juges qui ont à connoître

mille

mille variétés non prévues , par lesquelles le délit est modifié , ou aggravé. La seconde difficulté consiste dans les obscurités qui environnent les juges , lorsqu'ils veulent s'assurer absolument de la vérité d'une accusation : c'est ici où se montre l'extrême nécessité qu'il y a de composer les tribunaux de magistrats éclairés , incorruptibles , incapables de partialité et de prévention. Je l'ai dit ailleurs : la meilleure réforme de la législation consiste à prendre les précautions les plus sûres pour n'élever au rang de magistrats que les citoyens dignes d'exercer une si terrible fonction.

Avant qu'un juge déclare la peine que doit subir un citoyen, à cause d'un délit quelconque, faut-il bien s'assurer que l'accusé a commis ce délit : la règle générale, fournie à ce sujet par Beccaria, mérite d'avoir place dans tous les codes criminels : « Une condam- » nation , dit-il , ne sauroit être autorisée, » si ce n'est au moins par une seule preuve » parfaite , ou bien il faut que la réunion des » preuves imparfaites exclue la possibilité de » l'innocence. »

Le même auteur fait précéder cette règle par un théorème , pour calculer la certitude d'un crime , savoir : « lorsque les preuves du fait » sont dépendantes les unes des autres , c'est- » à-dire, lorsque les indices ne le prouvent et

» ne se soutiennent que les uns par les au-
» tres , lorsque la vérité de plusieurs preuves
» dépend de la vérité d'une seule , le nombre
» des preuves n'augmente ni ne diminue la
» probabilité du fait : quand les preuves sont
» indépendantes l'une de l'autre , et que cha-
» que indice se prouve à part, la probabilité
» du fait croît en raison du nombre des in-
» dices. »

Après que ce philosophe est entré dans la
matière des preuves , il se trouve obligé d'a-
bandonner sa marche d'une théorie positive,
et avoue qu'il est plus facile de sentir cette
certitude morale des preuves , que de la définir : il s'en rapporteroit mieux à un homme
ignorant la loi , qui jugeroit par sentiment ;
il regarde cette ignorance comme étant moins
sujette à l'erreur que la science des lois , qui
juge d'après l'opinion : sans doute , et je l'ai
prouvé ailleurs , l'ignorance seroit préférable à une telle science : mais simplifions la
jurisprudence , et les jugemens prononcés
par des magistrats pris dans l'élite des hommes vertueux , seront toujours préférables
aux jugemens qu'on laisseroit rendre par des
citoyens appelés indistinctement à juger leurs
pairs.

Ainsi, contre l'avis de Beccaria , je pense
qu'il vaut mieux laisser l'examen des preuves

à des magistrats toujours éclairés, toujours
impartiaux, que d'établir par-tout, comme
en Angleterre, le jugement des pairs, qui
peuvent n'être ni impartiaux ni éclairés ;
mais il me semble que, pour soulager
l'embarras des juges, dans les cas où ils ne
sentent point cette pleine conviction intérieure de la vérité d'une accusation, et ont
devant les yeux de fortes probabilités qui font
supposer cette vérité, sans les en convaincre
évidemment, il me semble, dis-je, qu'il devroit y avoir des lieux propres à reserrer des
accusés très-suspects, devant les tribunaux,
d'avoir commis quelque grand crime : ces
maisons de force attesteroient l'insuffisance
des lumières données à l'homme, et pourroient offrir cette inscription aux passans :
*Vous pouvez nous haïr ou nous plaindre ; Dieu
seul est notre juge :* là, suivant l'atrocité du
crime dont un accusé seroit justement sus-
pect, il perdroit plus ou moins sa liberté ;
il seroit soumis à des travaux plus ou moins
durs : quelque circonstance pourroit ensuite
servir à dévoiler son innocence ou à cer-
tifier son crime : dans ce dernier cas, il n'é-
chapperoit point au supplice mérité : dans
le premier, il recevroit des dédommagemens
convenables.

En matière civile, comme en matière criminelle, on est obligé d'admettre pour preuve suffisante le témoignage uniforme de deux personnes non suspectes : il dépend de deux hommes, qui ne paroissent points suspects aux yeux de la loi, de consommer la ruine d'un citoyen ? on a senti ce danger en France, et pour mieux assurer la fortune des individus, on a exclu la preuve testimoniale, lorsqu'il s'agit d'une somme un peu considérable ; mais lorsqu'il s'agit de la vie d'un citoyen auquel on impute un crime, la preuve de deux témoins doit-elle paroître suffisante ? oui, sans doute, parce que la sécurité publique exige de ne point rendre trop difficile la conviction des criminels : l'inconvénient de cette preuve subsiste néanmoins : on ne peut y remédier qu'en prodiguant, pour ainsi dire, aux accusés, les facilités de se disculper. Si le législateur est obligé de se contenter de la preuve testimoniale, il doit sentir qu'elle est quelquefois sujette à des abus : la seule possibilité de ces abus impose une loi sévère pour que l'innocence ait tous les moyens de se garantir des coups qui la menacent : il doit être permis au magistrat d'admettre d'autant moins la crédibilité d'un témoin (1), que le crime dont il s'agit est plus atroce et moins vraisemblable.

____

(1) Beccaria.

La procédure criminelle doit tendre également à deux objets : l'un d'empêcher que le criminel n'échappe à la peine ; l'autre, de constater la vérité de l'accusation.

De-là, il s'ensuit, qu'il est nécessaire d'emprisonner l'accusé, même à défaut de preuves évidentes, dans certains cas dont le législateur doit faire une expresse mention : ces cas sont la voix publique qui accuse, la fuite de l'accusé, son aveu extrajudiciaire, la déposition d'un complice du crime dans laquelle celui qu'il s'agit d'emprisonner se trouve inculpé, des menaces et une inimitié connue entre l'accusé et l'offensé, le corps du délit trouvé chez l'accusé ; et autres indices semblables.

Une instruction prompte des preuves doit se faire à la diligence d'un homme public : on a déjà remarqué combien étoit salutaire cette institution d'un ministère public, dont l'objet est de suppléer aux dénonciations qui seroient odieuses entre concitoyens.

L'examen des témoins, leur récollement, leurs confrontations avec les accusés sont indispensables, ainsi que l'interrogatoire des accusés ; mais le serment exigé dans ces interrogatoires doit être supprimé, comme étant un abus des moyens religieux (1).

_____

(1) Beccaria.

L'accusé, nous le répétons, doit avoir un conseil pour se défendre ; il doit recevoir communication de toute la procédure instruite contre lui, et en débattre les preuves, même en audience publique : le public est intéressé à la sécurité de chaque citoyen honnête, ainsi qu'à la punition des membres dangereux de la société ; il doit donc lui être permis de prendre connoissance des preuves qu'il y a pour condamner un citoyen à quelque peine capitale.

Enfin, un premier jugement portant peine capitale, ne doit point être exécuté sans avoir été revu par d'autres juges ; ce qui annonce l'attention du législateur à conserver les droits de l'innocence.

SECTION TROISIÈME.

Des peines.

« Il faut, suivant Beccaria, des peines pro» portionnées aux crimes, qui fassent l'im» pression la plus durable sur l'esprit des » hommes, et, en même temps, la moins » cruelle sur le corps du criminel » : cette proposition est d'un écrivain sensible aux maux de l'humanité, mais ne sauroit être adoptée que jusqu'à un certain point par le législateur. Comment la peine la moins cruelle infligée au criminel, fera-t-elle une impression durable sur l'esprit des hommes ? ces deux conditions semblent se contrarier ; car, si le public, instruit de la loi, sait que le supplice qu'elle prononce n'est point cruel, comment recevra-t-il une impression durable du spectacle de ce supplice ? l'heureuse imposture par laquelle on dérobe un supplicié à de grandes souffrances, tandis que le peuple croit voir le criminel souffrant d'affreux tourmens, doit être le secret du magistrat ; mais le magistrat ne peut avoir de secret sur ce point, puisqu'il doit entièrement se conformer à la loi qui est publiquement connue : ce seroit manquer à la loi, que de tromper ainsi le public.

Cherchons néanmoins des exemples de supplices qui contiennent, autant qu'il est possible, les deux conditions désirées par Beccaria : tel est celui de la potence, quoiqu'il ne fasse pas autant d'impression que celui de la roue ; mais il faudroit que ce supplice ne fût point infligé aux hommes qui contreviennent à certaines prohibitions vexatoires, inventées par les gouvernemens ; car moins souvent il seroit répété, plus il produiroit d'effet sur les spectateurs. Les scènes hideuses qu'offrent les échafauds, produisent d'autant plus de terreur, qu'elles sont plus rarement renouvelées ; semblables à ces calamités publiques dont on reste d'autant plus affecté , qu'elles sont plus extraordinaires : Heureux le peuple où les lois ne multipliant pas elles-mêmes les occasions des crimes par des prohibitions sévères , on ne voit pas le législateur embarrassé pour inventer des supplices , et confondre ces supplices pour sortir d'un tel embarras.

Pour punir les crimes atroces, on a inventé divers genres de tourmens que je ne retracerai point ici, voulant épargner au lecteur des peintures aussi dégoûtantes. Il suffit d'indiquer la massole (1), comme un supplice qu'on a déjà remarqué devoir être substitué à celui de la roue. Que les bourreaux exercent ensuite leur cruauté sur le corps expiré du criminel, qu'ils le mutilent, qu'ils le brûlent, qu'ils jettent ses cendres à la voirie, ou exposent ses membres sanglans aux yeux des passans épouvantés ; ainsi on se rendra à la triste nécessité d'inspirer la terreur pour le crime aux hommes qui n'ont pu être sensibles aux attraits de la vertu. Tels sont à peu près les moyens dont on peut user, pour que le spectacle du supplice fasse une forte impression, tandis que le supplice en lui-même est aussi peu cruel

______

(1) Supplice usité à Avignon.

qu'il soit possible pour le méchant qui le subit.

Il faut néanmoins admettre des cas où l'on inflige des tourmens aussi réellement horribles qu'ils le paroissent. Le parricide et le régicide ne doivent-ils pas être ainsi punis ? mais comme la capacité de souffrir a des bornes, les moyens extrêmes et affreux d'infliger des souffrances doivent être réservés pour des cas extrêmement rares ; en tous les autres, il faut plutôt graduer l'horreur du spectacle suivant l'atrocité des crimes, qu'il ne faut graduer l'énergie des peines qu'on fait réellement subir aux criminels. Ainsi la multitude des diverses peines prononcées par le législateur étant nécessairement moindre que la différence des espèces de crimes qui peuvent se commettre, on pourra former l'échelle de ces peines depuis la plus légère correction jusqu'au plus affreux supplice.

Il est sur-tout important que les exécutions se fassent dans la ville la plus voisine du lieu où le délit a été commis ; et non toujours dans la ville où résident les cours souveraines ; car on s'y accoutume trop à ces exécutions multipliées. Le sang qui coule continuellement sur le même échafaud offre une scène de carnage, qui rend terribles les magistrats des cours souveraines, imprime même à ces magistrats une idée de leur propre puissance qui, dans quelques-uns, peut perdre l'idée d'égalité par laquelle tous les hommes sont unis.

Beccaria, et après lui divers philosophes pleins d'un sentiment louable d'humanité, ont opiné pour l'abolition de la peine de mort. » Les lois, dit Beccaria, ne sont que la somme » des portions de liberté de chaque particulier » les plus petites que chacun ait pu céder. » Or, qui a jamais voulu donner aux autres » hommes le droit de lui ôter la vie ? si cela » étoit, comment concilier ce principe avec » cette autre maxime, que l'homme n'a pas le » droit de se tuer lui-même, puisqu'il a dû » l'avoir, s'il l'a pu donner à d'autres ou à la » société ? « Je réponds, qu'un homme qui assassine son semblable, autorise la société à tirer vengeance d'un tel crime par la mort du criminel, quoique ce criminel n'ait jamais voulu donner aux autres le droit de lui ôter la vie : je réponds, que le citoyen auquel on porte un coup de poignard, s'il lui reste assez de force, peut poignarder à son tour l'assassin; que l'assassin lui a donné ce droit ; et que si l'homme assassiné a pu employer ce droit, le pouvoir souverain, conservateur de la société, et soutien des foibles, doit succéder au même droit pour venger le meurtre. Jamais on ne me prouvera que la loi qui condamne un assassin au dernier supplice , est une loi injuste.

Il faudroit, ce semble , abolir la peine de mort, ou la commuer en un esclavage plus dur que la mort , s'il importoit à la société de ne point lui présenter les spectacles hideux des derniers supplices. Mais est-il bien certain que les échafauds n'inspirent point à la multitude une terreur qui arrête beaucoup de crimes (1) ? Les scélérats qui voient indifféremment de tels spectacles , ne sont-ils pas des monstres rares ? la multiplicité des crimes qui ont lieu , malgré les roues et les gibets , ne doit-elle pas moins être attribuée à ce qu'on s'est familiarisé avec l'idée de tels supplices , qu'à mille causes qui , dépravant la société dans ses mœurs , occasionnent des crimes de toutes parts ? Philosophes pleins d'humanité ! lorsqu'un homme aura été assassiné au mépris des lois divines et humaines, vous répugnez à voir exterminer juridiquement l'assassin , parce qu'il ne faut point priver d'un autre homme la société : comme si le

―――――――――――

(1) Le vulgaire ne s'abstient point du crime par un sentiment d'honneur : il est principalement retenu par la crainte des supplices. *Aristot.* 10. *Ethic. cap.* 9.

meurtrier n'avoit pas perdu tous ses droits à
l'existence. Je crois être plus humain que
vous, en soutenant que, quiconque tue volontairement son semblable, mérite la mort.
Le sang dun honnête homme, répandu par
un scélérat, crie vengeance : les enfans, les
parens, les amis, les concitoyens de cet
honnête homme demandent la mort du meurtrier; la leur refuser, ce seroit les traiter
inhumainement : on laisseroit leur plaie trop
ouverte. Comment le fils d'un homme assassiné peut-il, sans être ému d'horreur, savoir que l'assassin de son père vit encore?
quelle loi pourroit l'empêcher d'aller lui-même
plonger le poignard vengeur dans le sein du
meurtrier au milieu des magistrats qui lui
conservent la vie ? Qu'en jetant à la voirie les
cendres de l'assassin, on puisse oublier le
malheur affreux qu'il a causé : qu'agenouillé
sur la tombe réservée aux honnêtes citoyens,
le fils de l'homme assassiné, que cette tombe
récèle, puisse implorer la Divinité pour les
mânes de son père infortuné; qu'il puisse
couvrir cette tombe de ses larmes, en son-
geant que, graces aux lois, il n'existe aucune
trace du monstre abominable qui l'a privé
de son père.

Plus j'insiste pour conserver la peine de
mort dans la législation criminelle, plus il

me paroît que le législateur ne peut appliquer cette peine que dans les cas où elle est indispensablement exigée. Les hommes condamnés à la mort en vertu des législations précédentes, n'ont pas toujours mérité ce supplice, et sous cet aspect, le législateur a été plus cruel que nombre de criminels qu'il a voulu punir. On ne doit souiller les places publiques de sacrifices humains, que lorsque ces sacrifices sont absolument indispensables par la nature du crime. C'est une espèce de talion nécessaire, que l'assassinat d'un citoyen soit vengé par la mort de l'assassin ; mais il est périlleux de prononcer la peine de mort contre un criminel qui n'a tué personne. C'est encourager les méchans à tuer, pour cacher d'autres crimes : il est vrai que certains crimes autres que l'assassinat peuvent lui être comparés ; mais il vaut mieux que, touchant la punition de ces crimes, le législateur pèche par trop d'indulgence, que par trop de sévérité. C'est encore ici où il sentira son impuissance de former un code parfait : l'imperfection nécessairement attachée à l'ouvrage d'un législateur, doit lui faire rechercher jusqu'à quel point il peut, sans trop de péril pour la société, laisser à l'Être-Suprême exercer la vengeance méritée par les crimes des hommes.

On a cru devoir punir de mort les voleurs domestiques, et cette sévérité a occasionné des meurtres : si un voleur domestique peut s'enfuir et se soustraire à l'emprisonnement, que lui importe la sévérité des lois qui l'ont ménacé ? S'il ne peut échapper à la punition, ne seroit-ce pas assez de le condamner à des galères perpétuelles, où il seroit obligé de travailler au profit de son maître, jusqu'à ce que celui-ci fût compensé du vol (1), et ensuite il subiroit des travaux publics ? Mais les vols domestiques, peu considérables et peu multipliés, ne devroient exposer les voleurs qu'à une galère à temps ; car il faut toujours une proportion entre le délit et la peine : là où les voleurs domestiques sont irrémissiblement condamnés à un supplice capital, les maîtres ordinairement humains ne les dénoncent point ; il se forme ainsi parmi les domestiques une foule de scélérats qui trouvent l'impunité, et dont les crimes sont encouragés, qui le diroit, par là sévérité des lois.

Assez d'auteurs ont indiqué les proportions qu'on peut admettre entre les délits et les peines, pour que je me dispense d'en dire

____

(1) C'est ce que proposoit Blakstone dans son commentaire, sur le code criminel d'Angleterre.

davantage. Il sera facile au législateur, en résumant les diverses observations faites çà et là, de former l'échelle des peines comme une espèce de tarif mis à côté des crimes, en se souvenant qu'il ne peut envisager que les genres de crimes, et non tous les cas. La philosophie réclame pour que la vengeance du suicide soit laissée à Dieu seul; mais il importe, pour prévenir ce crime, que l'éducation des citoyens les pénètre de bonne heure de la crainte de l'Être-Suprême, qui seul, avons-nous dit, est le véritable juge des délits des mortels.

SECTION QUATRIÈME.

Des moyens de prévenir les crimes.

La première et principale réforme du code criminel consiste dans les réformes du code civil, du code des finances, et du code politique. Le code criminel est le plus facile à rédiger; mais il est nécessairement défectueux et injuste, sur-tout lorsque le législateur qui impose des peines aux accusés, n'a pas pourvu aux moyens de leur faire éviter les crimes dont ils se sont rendus coupables. Le caractère essentiel d'un code n'est-il pas de paroître dicté par la justice ? Or, si on a négligé de pourvoir aux moyens dont nous parlons, le code criminel est évidemment injuste.

Vous laissez un citoyen laborieux mourir de faim, lui et ses enfans ; vous lui arrachez le pain qu'il a gagné et trempé de sueur ; il se décide à voler le premier qu'il rencontre : on lui résiste ; il tue. A la vérité, dans le combat qui vient de se livrer, et qui a souillé la terre de sang humain, il est l'agresseur injuste ; mais dans cette agression il défend sa vie, celle de ses enfans, puisqu'ils mouroient tous de faim sans cette agression.... et vous traînez cet homme à l'échafaud : après l'avoir exténué dans une prison, vous le livrez à un dernier supplice infamant et cruel..... Pourquoi ce malheureux est-il né sous l'empire de vos lois ? Que n'eût-il pas gagné à vivre dans les contrées les plus sauvages ? Que son sort eût été préférable, s'il fût né ours ou tigre ! pressé par la faim, il n'auroit eu qu'à parcourir les forêts, à dévorer la première proie, ou à la disputer à d'autres ours, à d'autres tigres.

Le chasseur qui veut saisir et tuer l'innocent, le timide oiseau, y parvient en lui tendant des piéges ; il l'attire par quelque appât trompeur : il commettroit une injustice, si les animaux n'étoient faits pour servir aux besoins de l'homme ; mais entre des

hommes

hommes qui sont naturellement égaux, et doivent s'unir d'un lien fraternel, peut-on admettre qu'on tendra un piége, qu'on jetera une amorce, et que celui qui aura la foiblesse de se laisser attirer par cette amorce, ou donnera dans le piége, perdra la vie? Tels sont les effets des prohibitions de la contrebande. C'est-là où aboutit la malheureuse invention fiscale, qui gêne la circulation des productions de la terre.

Dans la plupart des gouvernemens, on a peu d'attention pour récompenser le mérite, pour distinguer la vertu, et on prétendra qu'avec tous les dégoûts auxquels on se trouve exposé dans l'exercice d'une bonne morale, la multitude doit sentir un attrait pour la vertu stérile? Tant de méchans sont adorés, comblés de biens; et on s'étonne qu'il y ait beaucoup de méchans? Ne nuisez jamais à autrui, dit gravement le législateur..... et le systéme politique fomente continuellement le préjudice du tiers en faveur d'autrui.

Que dirons-nous du code civil et du systéme judiciaire? La science civile nourrit une classe nombreuse d'hommes, dont on diroit que la plupart sont nés pour vexer leurs semblables. Il faut se ruiner pour obtenir justice, incertain si on l'obtiendra : ici la loi enrichit l'aîné de chaque famille, met les puinés sur

le grabat, ne compte presque pour rien les
filles, et on prétend que les puinés, que les
filles ayent autant d'amour pour leurs parens,
pour leur patrie, autant de morale que les
aînés. Là le pouvoir paternel est nul, et on
exige que ce défaut de déférence pour les pères, dont la loi donne un perfide exemple,
n'influe en rien sur la conduite des enfans. Là
le pouvoir paternel est une espèce de tyrannie; et on s'étonne que les enfans sentent
une révolte intérieure contre une gêne excessive. Ici la liberté extrême des testamens
engendre les bassesses dont un testateur est
adulé; on capte ses dispositions dans les derniers instans de sa vie, dans ces instans où il
n'est plus capable de penser sagement, et on
frustre de son héritage ses héritiers légitimes,
ou ceux que l'équité lui destinoit. Là, nulle
espèce de dispositions entrevifs, ou à cause
de mort, n'est permise, et les actes de soins,
de bienveillance, ne pouvant être payés par
aucun témoignage de reconnoissance, sont
négligés. On peut inquiéter, insulter même
celui dont on recueillira le bien, pourvu qu'on
ne s'expose pas trop mal adroitement à l'a-
nimadversion des tribunaux. Ailleurs le propriétaire n'est qu'à demi-propriétaire. Dans
certain pays les femmes obtiennent facilement d'être séparées de leurs maris; elles

l'obtiennent d'autant plus facilement qu'elles sont d'un état plus relevé, d'une naissance plus illustre ; c'est la jurisprudence qui le veut ainsi : jurisprudence immorale, qui ne pèse pas les conséquences de ces funestes exemples. Par-tout, les liens les plus sacrés, qui doivent unir les hommes, sont brisés. Un combat de vices moraux, est quelquefois ameuté par la jurisprudence même : rien ne pourvoit à l'extinction des vices ; et puisque ces vices sont favorisés, les crimes qui n'en sont qu'une conséquence, devroient être traités avec la plus grande douceur. Ce n'est qu'avec un fouet de roses qu'il faudra fustiger l'assassin ; autrement le gouvernement sera inconséquent.

Le tableau que je viens de tracer fait horreur ; par-tout où l'on reconnoîtra que ce tableau est fidèle, quels efforts la nation ne doit-elle pas tenter pour que la législation soit entièrement refondue, et offre un bel ensemble qui régénère la liberté, les mœurs, la vertu, le bonheur public et particulier, enfin assure la propriété de ce qu'on a de plus cher ? Quelle reconnoissance ne doit-on pas à un prince et à ses ministres, qui pensent à une telle réforme de la législation, et n'attendent que le vœu général de la nation, qu'ils excitent, qu'ils éclairent, pour établir de nouvelles lois de concert avec cette nation ?

L'impossibilité qu'il y a de punir les crimes avec une exacte justice, devroit déterminer les législateurs à mettre leurs plus grands soins à les prévenir. Il en est des crimes comme des maladies violentes ; il est plus aisé de les prévenir dans le principe, que de réparer le mal, lorsqu'il est parvenu à son comble ; il est donné à l'homme législateur de récompenser la vertu, de faire éviter les crimes ; mais, triste vérité ! aucun législateur mortel ne peut balancer exactement les délits et les peines ; il semble que la Divinité s'est réservée seule le droit de punir les hommes, comme elle s'est réservée seule le droit de leur pardonner ; car les princes de la terre ne peuvent guères sans inconvénient pardonner aux criminels.

Quel est le supplice infligé, depuis que les échafauds ont été dressés, qu'on puisse assurer avoir été infligé dans une juste proportion aavec le délit ? Pour déterminer le châtiment, il eût fallu connoitre parfaitement le degré de gravité du crime ; mais l'éducation du criminel, mais les circonstances fugitives qui l'ont poussé ou auroient dû le retenir, mais l'erreur de ses sens, de sa pensée, le plus ou le moins de lumières

dans sa raison, et tant d'autres considérations, ont aggravé ou diminué son crime ;
et toutes ces considérations échappent au jugement des hommes. Il est pourtant nécessaire au maintien de la société, que des hommes soient jugés par des hommes. Comment
celui qui se revêt d'un emploi de judicature
ne tremble-t-il pas, en acceptant une fonction aussi terrible ? Et on vend ces charges, comme on vendroit la plus vile marchandise !

Ne seroit-on pas presque fondé à soupçonner une certaine connivence des tribunaux à la dépravation des mœurs ; du moins
ne devroit-on pas juger que cette dépravation
extrême, indique la nécessité de réformer les
lois, dans un pays où un journal périodique
annonceroit publiquement les séparations de
corps et de biens entre des époux, et où ces
annonces seroient aussi journalières, aussi
multipliées que celles des nombreux spectacles qui y amusent le public ? C'est-là qu'on
trouveroit impudemment affichée l'indécence
des mœurs, ainsi que l'avilissement des lois.

Les peines prononcées par le code criminel sont les moyens extrêmes, la dernière ressource dont le législateur puisse user pour
prévenir les crimes ; mais le législateur seroit bien coupable de n'user que de ce moyen :

« Si nous considérons , dit Blakstone , (1) les
» peines judiciaires sous le point de vue le
» plus étendu , nous trouvons qu'elles sont
» plus calculées sur l'avenir que sur le passé ,
» plus pour prévenir que pour expier. »

La nécessité d'admettre une telle maxime
dans le code criminel , l'impossibilité qu'il y
a autrement d'établir des lois pénales justes
et exactement graduées en proportion des
délits , montrent qu'il n'est nullement donné
à l'homme , quelque puissant , quelqu'éclairé
qu'il soit , d'exercer la véritable justice pé-
nale. C'est un droit , comme nous avons
dit , réservé par la nature des choses à l'Être-
Suprême. Nous apercevons toujours la Divinité présidant à tout dans l'ordre moral ,
comme dans l'ordre physique.

Presque tous les législateurs se sont fait
une théorie qui a réussi bien ou mal , relativement aux lois qui punissent les fautes. Aucun , pas même les écrivains , n'a tracé la
théorie des récompenses ; l'une est néanmoins
le pendant de l'autre. L'esprit d'un gouvernement attentif à récompenser le mérite empêcheroit beaucoup de crimes , en faisant
fleurir les mœurs , en encourageant la vertu.

---

(1) Commentaire sur le code criminel d'Angleterre , *tom.* 2 , *chap.* 1.

On a souvent reconnu cette vérité : divers princes en ont senti l'importance, et se sont plu à répandre des bienfaits. Les bienfaits font bénir le règne qui les répand ; mais les justes récompenses sont plus utiles que ce qu'on appelle bienfait. C'est peut-être une critique, d'appeler bienfait une récompense, comme si les princes n'étoient point accoutumés à récompenser ; mais, peut-être aussi on a raison d'appeler sérieusement bienfait une récompense, puisque récompenser le mérite, est ce qu'il y a de mieux fait. Si on adoptoit la théorie précieuse dont nous parlons, le gouvernement ne pourroit graduer exactement les récompenses sur le mérite réel ; il faudroit qu'il les graduât sur l'utilité qui en revient à la société : ici, le législateur se trouveroit dans le même cas, comme pour graduer les peines, c'est-à-dire, il devroit calculer plutôt sur l'avenir que sur le passé ; il encourageroit plus véritablement qu'il ne récompenseroit : en remarquant cet ordre de choses nécessaire, on concluroit encore que la véritable juste récompense ne peut être accordée que par l'Être-Suprême, seul vrai rémunérateur, comme seul vengeur.

» Dans la loi saxone, dit encore Blaks-
» tone (1), par les sages instructions du roi

____

(1) Ibid.

» Alfred, tout le voisinage, classé par dixai-
» nes, se cautionnoit mutuellement pour une
» bonne conduite ; mais cette grande et géné-
» rale sûreté étant tombée en désuetude, la
» loi y a substitué un autre moyen ; elle oblige
» les personnes suspectes à trouver des cau-
» tions d'une bonne conduite pour l'avenir. Il
» Il en est fait mention dans les lois du roi
» Edouard le confesseur.... *tradat fidejussores*
» *de pace et legalitate tuendâ.* »

Cette sûreté consiste à se lier solidairement avec une ou plusieurs cautions, par
une reconnoissance devant le juge de paix, où
l'on s'oblige au paiement d'une certaine somme,
si la partie cautionnée ne paroît pas à tel jour
devant la cour, pour y faire sa paix, tant en
général avec le roi et son peuple, qu'en particulier avec la personne qui a demandé sûreté : la partie suspecte peut être cautionnée
pour une meilleure conduite, soit générale,
soit particulière, pour un temps limité, ou
pour la vie. Tous juges de paix en Angleterre peuvent demander sûreté, suivant leur
prudence, contre quelqu'un qui ne jouit pas
d'une bonne réputation, ou qui a menacé, etc.
A la mort du roi, le cautionnement cesse.

Cette cessation du cautionnement à la mort
du roi peut être fondée en Angleterre sur
quelque motif politique bon ou mauvais ; mais

il me semble qu'un tel cautionnement étant exigé pour la sécurité de la société, la mort du roi ne doit point le faire cesser. C'est un abus que de regarder simplement la vie des sujets comme une propriété qui intéresse le roi : l'utilité et la tranquillité publiques sont les principaux objets, tant des lois civiles que des lois criminelles : un tel cautionnement est sans doute très-propre à prévenir beaucoup de délits ; mais la loi qui l'établit doit pourvoir aux inconvéniens qui peuvent suivre une semblable institution.

SECTION CINQUIÈME.

Des erreurs des tribunaux dans les jugemens en matière criminelle.

Gémissons sur le terrible effet des jugemens humains, lorsque les tribunaux croyant armer avec justice la main du bourreau, pour la protection de la paix sociale, sont induits en une fatale erreur, et ont frappé l'innocent avec toute la cruauté qui devoit être réservée pour le coupable. Hélas ! il est si aisé de s'indigner à l'aspect du crime ; on se sent si vivement porté à poursuivre le criminel, que dès qu'un crime a été commis, des témoins dont les sens ont été trompés, dont la préoccupation leur a laissé croire qu'ils voyoient clairement ce qu'ils ne voyoient qu'avec incertitude, ou bien la fausse prévention des juges, peuvent précipiter un malheureux accusé dans les horreurs du sort le plus affreux ; mais ces erreurs des tribunaux ne sauroient leur être imputées, s'ils ont suivi la marche tracée par la loi. Toute l'indignation doit alors se tourner contre la législation. Son caractère auguste et sacré ne l'en défend pas. Il n'est aucune société où l'on dise : Il faut détruire les tribunaux de justice, lorsqu'il arrive qu'un innocent a été sacrifié ; on doit les soutenir, les respecter, malgré leurs erreurs, à moins qu'étant mal composés, il ne soit nécessaire d'y introduire quelque réforme.

Un incendie, ou une chûte, ou tout autre malheur imprévu, a détruit l'existence d'un homme de bien chéri dans sa patrie, considéré par tous les citoyens. La triste nouvelle parcourt rapidement les rues, les carrefours : tous prennent pitié de l'infortuné, de ses enfans plus infortunés encore ; on se regarde avec un air consterné. Mais un citoyen plus obscur, moins intéressant, dont on ne connoît ni les vertus ni les vices, succombe sous une fausse accusation ; on l'a vu avec épouvante sous le glaive du bourreau, pendant

qu'on le supposoit criminel. Bientôt son innocence est mise au jour : la consternation
générale est alors bien plus touchante que
pour la mort d'un citoyen qu'un accident fâ-
cheux a détruit. On se représente l'horreur
qu'a dû éprouver l'homme, dont la conscience
ne lui reprochoit rien, et qui se voyoit igno-
minieusement traîné au supplice, comme un
scélérat détestable : on le voit pleurer dans
sa longue prison, sous le fardeau des chaînes,
des mauvais traitemens, des interrogatoires,
des confrontations, l'imagination égarée,
effrayé par le regard sévère des juges. On se
dit : il étoit innocent.... il étoit honnête
homme.... et par un retour naturel sur soi-
même, chaque honnête citoyen peut se dire :
Et moi aussi je puis donc être traîné à l'é-
chafaud..... je puis me figurer mon épouse,
mon père, mes enfans abymés dans la douleur, déplorer mon sort.... et tous mes concitoyens me supposer un scélérat.... Ah ! vous
qui nous gouvernez, vous en qui repose le
bonheur de la nation, nous nous prosternons
à vos pieds ; donnez-nous des lois criminelles qui épouvantent, qui punissent le coupable, mais qui rassurent l'innocence.

Il ne faut point d'éloquence pour rendre
ces idées frappantes : l'éloquence des faits
supplée seule à l'art de l'orateur. Si au lieu

de considérer une hypothèse vague , on met sous les yeux du public une cause particulière , où il ne s'agit point de ce qui peut arriver , mais de ce qui arrive effectivement : alors le défenseur de l'innocence opprimée n'a qu'à raconter , n'a qu'à se mettre à la place de celui qui a été opprimé , sentir une partie de ses maux , les décrire , il sera nécessairement éloquent.

Le philosophe qui discute , dans le calme de sa raison , les principes de justice d'après lesquels un code civil et criminel doit être formé , obtient l'approbation des sages , mais ne fait presque point d'impression sur la multitude qui ne sent vivement , qui ne s'émeut , que lorsqu'on lui met sous les yeux les funestes effets particuliers d'une législation défectueuse. Ainsi , de grands maux doivent avoir été consommés , pour qu'un peuple désire ardemment d'obtenir une législation sage dans tous les points : il n'y a que les exemples d'événemens funestes qui lui servent de leçons et le subjuguent : déplorable nécessité qui est une suite de l'imperfection humaine ! on est obligé d'avoir vu des horreurs , et il n'est pas suffisant de les prévoir.

Cependant cette prévoyance est essentiellement nécessaire toutes les fois qu'un homme essaie de se mettre à la place de la Divinité ; c'est-à-dire, toutes les fois qu'il trace des lois aux autres hommes ; car, les hommes étant égaux entre eux, il semble qu'aucun n'est naturellement en droit d'imposer des lois aux autres. La législation établie par un chef de société, est moins le résultat de l'ascendant naturel de ce chef, que le résultat de l'ascendant que prennent d'elles-mêmes des lois justes, sages, ou évidemment utiles : leur justice, leur sagesse, leur utilité naissent de l'ordre des choses établi par l'Être-Suprême : il faut que le législateur reconnoisse cet ordre et s'y soumette : une semblable nécessité est tellement sentie par ses sujets, qu'on peut supposer que les membres multipliés de la société ont stipulé une convention tacite, par laquelle ils ont dit : Nous remettons l'autorité souveraine à ce chef, et cette autorité sera principalement employée à faire exécuter des lois générales que le bien public exigera : c'est par la raison du bien public que nous avons consenti à vivre sous un chef ; il ne peut donc nous gouverner qu'en se réglant continuellement sur cette raison du bien public, qui est l'objet immédiat et unique de l'autorité éminente que nous lui avons confiée sur nous : l'obligation qu'a ainsi contractée le souverain de rendre son peuple heureux, naît d'une semblable stipulation qu'il a , pour ainsi dire , acceptée devant le dominateur de l'univers , et en présence de son peuple. C'est envers ce dominateur suprême qu'il est sur-tout responsable de l'exécution de son contrat , qui n'est point purement un contrat social que le peuple ou le monarque puissent résoudre à leur gré. Ce seroit un singulier contrat que celui qui n'auroit pour juge qu'une des deux parties contractantes ; mais ne revenons point sur des questions que nous avons précédemment examinées. Le chef d'une nation devant nécessairement prévoir les effets des lois qu'il établit , voyons comment il peut raisonner cette prévoyance , et s'assurer autant qu'il est possible de son infaillibilité.

SECTION SIXIÈME.

Des vérités prises dans l'ordre des choses , que le rédacteur d'un code criminel ne doit point perdre de vue.

Les vérités qui sont relatives aux détails de la législation criminelle se trouvent déjà précédemment indiquées dans ce chapitre ; mais il en est quelques autres dont le législateur doit être convaincu , soit en formant un code criminel pour un peuple nouvellement

civilisé, soit en s'appliquant à réformer d'anciennes lois criminelles : plein de ces vérités,
il me semble qu'il va former son nouveau
code, dans l'étendue la plus convenable,
mesurant les peines à la terreur qu'elles doivent inspirer pour le crime, donnant à l'innocence accusée tous les moyens de se justifier,
rendant impuissantes les ruses des coupables
pour éluder une punition méritée, ne laissant
aux magistrats ni plus ni moins d'autorité que
ce qu'il convient de leur en confier.

Tant que les peuples n'ont eu à adresser
leur respect qu'à un homme qui étoit leur
chef, que leur esprit n'a raisonné que sur
la soumission due à la volonté de ce chef,
toute la législation humaine s'est renfermée
dans des dispositions contre les crimes : alors
les codes n'ont été que criminels. Tout le
monde appelle code criminel celui qui a rapport aux crimes ; mais on pourroit aussi appeler criminel, dans un autre sens, le code
qui blesse la justice par la barbarie des peines
qu'il impose, ou par les vices de la procédure qu'il établit : il n'y a rien en effet de
plus notablement criminel, puisque aucun
crime, quelque épouvantable qu'il soit,
n'entraîne d'aussi funestes conséquences pour
la société.

Le prince d'un ancien peuple barbare a dit :

Quiconque blessera l'ordre dans la société que je gouverne, sera puni de mort. Voilà à-peu-près le résumé de son code ; et cette barbarie qui punissoit aussi sévérement les fautes légères comme les crimes graves, étoit encore un progrès de civilisation, et supposoit même d'autres progrès précédens.

Pourquoi les plus anciens législateurs n'avoient-ils point fait de code civil ? c'est parce qu'un code civil suppose de plus grands progrès de l'esprit humain, exige plus de sagesse, plus de raison, plus de profondeur dans les vues. Tout le monde ne croit point cette vérité ; mais elle est évidente en ce que les lois civiles peuvent atteindre à une perfection plus réelle que les lois criminelles. Cette perfection du code civil dérive d'un fonds inépuisable de raison qui est relatif à l'ordre moral et physique établi par une sagesse divine : le rédacteur du code civil n'a qu'à étudier cet ordre, et c'est le plus grand, le plus bel emploi de la philosophie. La plupart des lois criminelles étant d'invention humaine, la source qui les produit étant impure, la puissance qui les forme étant naturellement foible, le législateur doit se tenir pour averti d'user le plus sobrement qu'il pourra de son droit de législation : il doit n'imposer que les peines les moindres possibles,

sibles , en raison seulement de l'utilité qui
en revient à la société ; il doit pourvoir à ce
que les magistrats ne commettent pas trop
d'erreurs dans leurs jugemens ; la sécurité
publique l'exige. Autant il est perilleux que
les magistrats condamnent légèrement un accusé, autant il est à redouter que le législateur impose des peines trop sévères pour
certains crimes. Un code dont la principale
sagesse consiste en des précautions prises
contre l'imperfection de la sagesse humaine ,
peut-il être l'ouvrage de la sagesse la plus
éclairée ? supposera-t-on beaucoup de lumière dans un lieu où il faut se précautionner contre les dangers couverts par des ténè-
bres dont on se trouve nécessairement en-
veloppé , et qu'on ne peut dissiper entièrement ? Dira-t-on, qu'on est dirigé par la
philosophie la plus pure , là où il faut commencer par avouer que la raison humaine est
insuffisante ?

Reprenons la précédente question : les peuples naissans ont-ils pu se passer d'un code
civil ? Oui , à certains égards , tandis qu'ils
ne pouvoient se passer de code criminel. Il
semble que la raison naturelle , les règles de
la bonne foi suffisoient pour diriger les jugemens dans les affaires particulières de pro-
messe, de convention , de lésion. Mais pour-

quoi supposé-je que les hommes réunis en société ont pu s'y maintenir sous la protection des lois criminelles, sans avoir eu besoin des lois civiles ? Une pareille hypothèse n'est-elle pas inadmissible ?

Les peuples sauvages sans chef ont méconnu la propriété, se sont livrés au vol, au pillage, au meurtre, à la vengeance ; le plus fort a dompté le plus foible. Les traces de cet antique état se sont toujours conservées au milieu de la civilisation : aujourd'hui encore on pille, on vole, on vexe, on se venge, on se tue ; le fort dévore le foible, et le plus fort ou le plus rusé échappe à une punition méritée. Si les avantages de la civilisation sont infiniment précieux, et ont formé parmi nous des hommes qui, par leurs vertus morales, sont devenus d'une nature très-supérieure à celle de l'homme sauvage, combien d'hommes aussi dans nos sociétés civilisées sont plus vils que ces sauvages, et ont encore dégénéré de l'état brute et féroce de barbarie de leurs ancêtres ! ils n'ont que l'extérieur plus humain ; ils ont les mêmes vices, commettent les mêmes forfaits, et ils les commettent avec plus de bassesse et plus de lâcheté ; ils sont plus horriblement méchans, puisqu'ils le sont, malgré les réclamations d'une conscience plus éclairée.

Dès que les hommes ont connu l'avantage qu'il y avoit à vivre réunis en société et d'y maintenir l'ordre par des lois, on a songé à défendre la propriété presqu'aussitôt qu'on a songé à punir le meurtre. Les lois civiles ont, par conséquent, marché d'un pas égal avec les lois criminelles. Comment auroit-on puni le voleur de la propriété d'autrui, si l'on n'avoit permis de prétendre le droit de propriété, et si l'on n'avoit jugé sur ce droit contesté, lorsque des circonstances sembloient rendre incertain à qui des deux contendans une propriété appartenoit ?

Mais où sont les lois civiles des plus anciens peuples ? Elles ne sont dans aucun code purement attribué à des législateurs mortels : elles sont dans la religion, ou dans une tradition de raison, que l'on transmettoit à sa postérité. De-là elles ont passé dans les écrits des philosophes, presque tous instruits des maximes de quelque religion. J'ai indiqué ailleurs la liaison des lois civiles avec la théocratie. (1) Quant aux anciennes lois criminelles, elles tiennent également à la même théocratie ; et il est très-essentiel de remarquer que ces lois criminelles étoient en

____

(1) Dans un ouvrage intitulé : *Civilis doctrinæ analysis philosophica.*

petit nombre. Il n'y étoit pas question de procédure pour la preuve des crimes ; mais on
y supposoit toujours qu'on ne punissoit de
criminels , que ceux qui étoient atteints par
la conviction la plus évidente.

Avec leurs codes briefs et simples , les législateurs étoient obligés de se reposer sur
l'intégrité et les lumières des juges. Que
gagnons-nous à avoir des codes remplis de
détails ? Ne faut-il pas toujours que les lumières et l'intégrité des juges président à
l'exécution de ces codes , suppléent à leur
insuffisance ? Les anciens législateurs regar-
doient les magistrats comme des hommes
faits ; ils se confioient à eux. Les législateurs
modernes ont traité les magistrats comme des
enfans qu'il falloit tenir à la lisière, et auxquels on devoit indiquer leur route. Ces prétendus enfans , embarrassés de leurs lisières ,
s'appliquant à suivre la route qu'on leur trace,
se trouvent néanmoins obligés de marcher souvent seuls , et d'agir en hommes faits. Il est
donc plus important d'avoir de bons juges,
que des législateurs profondément éclairés ,
puisque les bonnes lois sont très-simples ,
et les bonnes lois ne servent de rien , si leur
exécution n'est confiée à des magistrats intègres , capables de suppléer à chaque instant au silence de la législation. Je l'ai re-

marqué ailleurs : les anciens peuples son-
geoient davantage aux choix de leurs juges ,
qu'à l'établissement des lois multipliées ; ils
avoient en cela tellement raison , qu'il se
commettoit moins d'injustices dans leur tribunaux que dans les nôtres.

Ce n'est point envain que nous considérons le berceau des lois civiles et criminelles
dans la théocratie. Il en résulte que le législateur , respectant cette origine sacrée,
est obligée de discerner toutes les actions,
dont la vengeance doit être réservée à la Divinité. En connoissant quels sont les seuls
actes , dont le législateur mortel ait à pres-
crire la punition, il modère la pesanteur trop
agravante de la souveraineté , sur les individus qu'il gouverne. Leurs pensées , leurs désirs intérieurs leurs restent. L'idée qu'ils ont
de la Divinité leur appartient, et ne peut être
changée que par les moyens de persuasion. Le
droit d'aimer ou de ne pas aimer tel ou tel de
leurs semblables , leur reste encore ; d'où il
s'ensuit que certains dons de la propriété doivent être libres. La nécessité de subvenir à
des besoins extrêmes , qui occasionne quelquefois des crimes , semble excuser ces crimes ; car le droit de sa propre conservation
est naturel à l'homme. Ainsi, le législateur
songera principalement à la subsistance des

classes les plus pauvres de ses sujets. Les prohibitions multipliées, les peines prononcées à l'égard de ceux qui contreviennent à ces prohibitions : peines qui grossissent le code criminel, devront être évitées avec soin, pour ne pas élever un combat continuel entre les besoins, ou la liberté de l'homme d'un côté, et les volontés quelquefois bizarres ou pernicieuses d'un prince ; autrement, la souveraineté se compromettroit.

Après avoir fourni la théorie de la rédaction des lois criminelles, montré leur insuffisance, exposé combien il est plus facile de prévenir les crimes que de les punir, je me trouve obligé de revenir aux vues générales, qui embrassent toute la matière de cet ouvrage. Je suis porté malgré moi-même vers le centre d'unité qui attire tout à lui. Toujours les lois les plus simples me paroissent offrir le plus de perfection ; je vois toutes les parties de la législation sortir du même centre d'unité ; je n'aperçois nulle sagesse par-tout où l'homme est livré à lui-même, et ne sentant pas la présence de la Divinité, ne cherche point à se soumettre aux lois qu'elle prescrit. Quelque ennuyeux que je puisse paroître aux lecteurs, dont le système est d'envisager la politique, indépendamment de toute religion, je ne puis me refuser à indiquer

le sublime contraste , et tout-à-la-fois , l'é-
troit lien qui se trouve dans les états chré-
tiens , entre la religion reçue , et une législation criminelle perfectionnée autant qu'il
est possible. D'un côté , une religion qui offre le pardon de tout , et qui néanmoins
porte ses regards sévères jusque sur les moindres intentions , sur les pensées les plus se-
crettes : de l'autre côté , une législation criminelle qui ne laisse espérer aucun pardon ,
et punit sévèrement tous les actes extérieurs
nuisibles à la société, mais qui est absolument
indulgente pour les autres actes , quelque vicieux qu'ils soient , et ne se mêle aucunement
de l'intérieur de notre ame.

O vous qui chérissez l'humanité , qui avez
horreur des crimes , et désirez qu'on les pré-
vienne par les moyens les plus efficaces ! con-
venez-en , la législation criminelle sans la religion , est l'ouvrage le plus imparfait qu'on
puisse imaginer.

CHAPITRE XII.

Résumé et conclusion de cet ouvrage.

En parcourant le cercle de nos idées , gardons-nous d'outrepasser certaines bornes, dans lesquelles notre intelligence doit sagement se renfermer ; car , au-delà de ces bornes, il règne une obscurité où nous ne pouvons nous jeter sans péril. Que nous importe ce qui se passe au-delà de notre athmosphère ? Laissons-en la garde au conservateur de l'univers : étudions-nous seulement à suivre , dans ce qui nous touche de près , les voies prescrites par cet Être-Suprême.

La philosophie , il est vrai , peut nous aider à porter nos regards , en matière morale , un peu au-delà des connoissances ordinaires de l'homme , de même qu'en physique l'art de l'opticien étend plus loin l'usage du sens de la vue ; mais les connoissances particulières du moraliste , comme celles du physicien , servent principalement à exciter le respect et l'admiration qu'on doit concevoir pour l'ordre établi par le créateur. A un diciple qui ne seroit susceptible de devenir vertueux que par la crainte des vengeances

célestes, voici comment je définirois la philosophie : elle est, dirois-je, la méditation
de la mort ; c'est de cette manière que la dé-
finissoient les sages de l'antiquité ; mais à tout
autre disciple, il faut la définir ainsi : c'est
la méditation de l'ordre établi par l'Être-
Suprême.

Celui-là seul qui aura été long-temps livré
à une telle méditation, sera propre à discou-
rir sur la législation. Il verra toutes les grandes vérités, qui sont des lois, découlant d'un
centre d'unité. Par conséquent, il découvrira
une liaison intime, une mutuelle dépendance
entre les diverses parties de la législation ; il
jugera que le code le plus parfait, qu'un mortel puisse rédiger, est celui où les diverses
parties de la législation s'assortissent parfaitement ensemble ; il jugera qu'elles ne peuvent ainsi s'assortir, si elles n'aboutissent à
un centre d'unité : mais comme l'erreur ne
peut jamais s'assortir avec la vérité, il se gar-
dera d'admettre dans son plan aucune loi, qui
ne soit naturellement et indispensablement
nécessaire ; il jugera de la bonté de chaque
loi, par la nécessité absolue où l'on se trouve
de l'adopter pour le bonheur public.

Toute loi qui n'est point évidemment nécessaire, est mauvaise, par cela seul, qu'elle
n'est point nécessaire. Une mauvaise loi est

une erreur funeste : donc, elle ne peut entrer dans un plan de législation, sans en déranger toute l'économie.

Religion, vertus de société, droit de propriété, liberté personnelle, soumission à l'autorité légitime, moyens pour éclairer cette autorité, justes bornes assignées à chaque pouvoir subalterne, qui ne doit jamais égaler l'autorité souveraine : tel est en substance l'objet des lois établies ou indiquées par la raison suprême.

Nous avons observé que la réunion des volontés du plus grand nombre des sujets, dans une même volonté pressante, entraînoit la détermination du souverain, mais ne la commandoit point. La puissance de cette volonté d'une multitude, n'est ordinairement que l'ascendant de la vérité ou des lois divines; elle n'est en aucune manière un droit de souveraineté appartenant à la multitude. Lorsque cette volonté est perverse, les maux qui s'en ensuivent tombent directement sur la multitude enivrée ou séditieuse qui l'a conçue. Le souverain auquel seul appartient le droit de gouverner peut se tromper : à plus forte raison, la multitude qui n'est point faite pour se gouverner, qui se gouverne presque ordinairement très-mal, est sujette à l'erreur. C'est pourquoi les écrits, par lesquels on répand des vérités utiles parmi un grand nombre de citoyens, sont de la plus grande importance pour le bien de l'état, puisqu'ils servent à modérer les dangers des erreurs de la multitude. Le peuple ne se trompe point, seulement lorsqu'il rappelle l'autorité des grandes vérités qui sont dictées par une raison universelle. En cela, les réclamations du peuple ont une force irrésistible ; mais au lieu de regarder cette force comme une puissance appartenante au peuple, il faut la regarder plutôt comme une puissance attachée aux lois immuables posées par l'Être-Suprême. Dans le combat continuel qui se livre entre l'erreur et la vérité, entre la vertu et le vice, il y a des barrières naturellement placées contre les effets de l'erreur et du vice, et qui en arrêtent les ravages indépendamment de toute puissance humaine. Il y a d'autres barrières qui doivent être posées par le législateur d'une société ; car il importe de les soutenir par la force de souveraineté qui préside à cette société. Distinguer les lois qui agissent d'elles-mêmes, qu'il suffit de reconnoître, et qu'il faut laisser agir toutes seules, d'avec celles qui doivent être sanctionnées par le pouvoir souverain, c'est-là le véritable secret de la rédaction des lois.

Les lois qui se trouvent toutes en quelque

sorte établies ou indiquées par la raison suprême, ont par elles-mêmes un ascendant nécessaire sur les êtres raisonnables ; cet ascendant est bon, utile, parce qu'il est nécessaire. Ainsi, le législateur qui veut rendre
son peuple heureux, le fera vivre sous les
lois qui existent avant sa souveraineté et indépendamment d'elle, parce que ces lois sont
seules nécessaires, Par la même raison, il
prendra garde à ce que ses sujets vivent plutôt
sous l'empire des lois, que sous la volonté
des magistrats. La rédaction d'un code est
principalement nécessaire, pour éviter que
les jugemens des magistrats ne soient arbitraires. Mais dans l'exécution d'un code, le
législateur verra qu'il est impossible de ne
point s'en rapporter souvent à l'arbitre des
magistrats. Par conséquent, tous ses soins,
toute sa délicatesse doivent se porter dans le
choix des membres de la magistrature qui
remplissent à la fois la confiance du souverain et celle des sujets.

Il simplifiera la jurisprudence, pour que
ceux qui rempliront les fonctions de juges,
développent sans gêne ce sentiment précieux
d'équité que Dieu a gravé dans le cœur de
l'homme. Il en est de la jurisprudence comme
de toutes les sciences : elles ne peuvent servir
à créer dans l'homme des facultés qu'il n'a

déjà en aucune manière ; mais elles servent à
aider , à perfectionner , à étendre le développement des facultés intellectuelles que
l'homme a reçues du créateur. Moins les lois
civiles seront inutilement compliquées, plus
elles laisseront librement se développer le
sentiment naturel d'équité. Ainsi, plus ces
lois offriront une noble simplicité , se con-
tiendront dans une juste étendue, établiront
l'égalité parmi les sujets , et proscriront les
priviléges qui rompent cette égalité , plus
elles seront bonnes et utiles. Là où par la
précédente constitution politique , ou bien
par l'empire des circonstances , on se trouvera obligé de suivre des lois qui introduisent certaines inégalités entre citoyens , ou
qui introduisent certaines prohibitions , ces
lois seront nuisibles de leur nature. Cependant , il faudra les supporter en tant et autant de temps qu'on ne pourra s'y soustraire.
En les envisageant sous l'aspect où elles paroissent nécessaires , elles sont bonnes plutôt
que nuisibles ; mais le législateur s'efforcera
de relâcher tous les liens qui gênent la liberté,
pour que ses lois soient le moins nuisibles
qu'il se puisse. Là , par conséquent, où il
sera obligé de mettre des impôts sur le peuple, il n'adoptera que l'impôt qui soit le
moindre possible. Dans son code criminel,

il n'établira de peine pour punir les crimes,
que celle qui sera la moindre possible, mais
suffisante pour épouvanter le méchant, et
rassurer la tranquillité de l'homme de bien.

On voit que l'analyse des différentes parties de la législation les réduit et les ramène
à un petit nombre d'idées principales : si cela
n'étoit point ainsi, ces différentes parties
n'auroient point entre elles un juste rapport.
Il seroit donc absurde qu'un législateur, en
s'occupant d'une partie de la législation. né-
gligeât d'envisager les autres parties.

Si dans les rédactions de deux codes, l'un
civil, l'autre criminel, l'une devoit précéder
l'autre, je dirois que celle du code civil doit
précéder celle du code criminel. Je ne prétends pas néanmoins qu'en supposant qu'il y
eût bien des difficultés à surmonter, avant de
pouvoir obtenir une législation parfaite, on
ne doive pourvoir au plus pressant besoin. Je
ne disconviens donc pas que, s'il y a des articles d'un code criminel qui exposent continuellement les accusés innocens à subir les
rigueurs méritées par les coupables, on ne
doive se hâter de réformer ces articles; mais
voici pourquoi il me paroîtroit nécessaire de
commencer par la rédaction du code civil,
plutôt que par celle du code criminel : parmi
les lois criminelles, il y en a qui infligent des

peines , parce qu'on n'a point obéi aux lois civiles ; il faut donc fixer ces lois civiles , avant de songer à d'autres lois qui ne sont que des conséquences de celles-là. Faut - il bien déterminer en quoi consistent *le mien* et *le tien* , avant de pouvoir dire qu'il s'est commis un vol. Les fraudes qu'on emploie pour éluder la loi civile , sont des espèces de crimes ; la gravité de certains autres crimes doit se mesurer en proportion des facultés qu'on a reçues des lois civiles. Ainsi les déprédations commises par un tuteur , par un curateur , sont plus ou moins répréhensibles, en raison du degré de confiance que le législateur a voulu marquer aux personnes qui se chargent d'une tutelle ou d'une curatelle : il seroit ici superflu d'entrer dans d'autres détails ; il est même superflu de résoudre la question que je viens d'exciter,

Il s'ensuit du principe d'unité , que je crois avoir solidement établi dans le cours de cet ouvrage , que les lois civiles et criminelles , ou politiques , ou morales , ne doivent faire qu'un corps. La superbe statue de Thémis ne doit être formée que d'un seul jet ; d'une main elle tient la balance , et de l'autre l'épée : ceci n'est point une vaine allégorie ; Thémis porte un bandeau sur les yeux, pour montrer qu'elle se refuse à voir tout ce

qui pourroit inspirer la moindre partialité.
Cependant le législateur n'est et n'a pas dû
être aveugle : il a dû, au contraire, tout
voir ; mais n'a pu tout prévoir. Que dans ce
qu'il a vu, après avoir appliqué les lois divines et immuables de la raison et de l'équité
naturelle, il se ménage, pour les cas imprévus, la ressource de recourir aux lois du souverain législateur qui a tout prévu, cette
ressource ne peut consister que dans l'application du sentiment d'équité qui existe au
fond du cœur du prince d'ou émane la sanction des lois, ou au fond du cœur des magistrats qui en sont les interprètes.

Une fois que les lois ont été établies, la
statue qui représente la législation paroît
aveugle, non pour que le magistrat dirige
au hasard le glaive, ou fasse pencher à son
gré la balance, mais pour que le magistrat
plein de la loi n'ait qu'à regarder et lire cette
loi dans son cœur, dans sa raison, et ferme
les yeux à tout objet extérieur, qui pourroit
le distraire ou l'égarer dans ses fonctions
augustes.

La vertu et la vérité ont un caractère sacré
qui les fait par-tout respecter. La justice que
les anciens philosophes considéroient, comme
étant la reine des vertus, a sur-tout ce caractère. Le combat que les méchans livrent
continuellement

continuellement à la vertu et à la vérité, font qu'elles se cachent ou paroissent opprimées ; mais si l'homme de bien est foible , il cesse en quelque sorte d'être vertueux. La véritable vertu considérée en elle-même , à part des injustices que les gens de bien éprouvent, la vertu, ainsi que la vérité prise en général , ne perdent jamais de leur fermeté : elles sortent toujours glorieusement des épreuves qu'on leur fait souffrir , et soumettent enfin leurs ennemis les plus décidés, même ceux qui sont le plus intéressés au désordre , au maintien des erreurs , aux maux qui affligent l'humanité. Le scélérat qui tend des embûches au passant , au milieu d'une forêt déserte , approuve dans son ame la loi qui commande d'exterminer tous les scélérats comme lui. L'oppresseur , qui se trouve frappé par une vengeance éclatante, des vexations qu'il a commises , reconnoît dans son ame la justice de cette vengeance : les voleurs n'ignorent point qu'il est juste de laisser chacun jouir de sa propriété : le remords suit tous les forfaits, et en est la condamnation non suspecte : tel est l'ordre établi par la justice divine.

Quel courage n'aura donc pas le législateur pour adopter , malgré les oppositions

V

des citoyens injustes, les lois qui consacrent
la justice, les lois utiles à la plus nombreuse
portion de ses sujets, qui à cause de cette
utilité sont nécessairement les seules justes !
Quel abus épouvantable du nom auguste de
la loi feroient les opposans, les détracteurs
d'une nouvelle législation, s'ils prétendoient
faire valoir le respect dû à la loi en général,
pour maintenir d'anciennes lois pernicieuses,
et en repousser de nouvelles qui sont plus
conformes à l'équité.

J'entends ici des amis du bien public té-
moigner d'une manière exagérée leurs alarmes,
au sujet des corps intéressés au maintien d'une
législation défectueuse précédente ; ils dénoncent à tous les hommes vertueux, ces
corps comme étant des obstacles à la réforme
et à la perfection de la législation : ils craignent que la considération, la puissance acquises par ces corps, ne servent à prolon-
ger le règne des lois vicieuses et préjudiciables
à la nation. La vertu habite néanmoins avec
plus d'empire au milieu d'une assemblée nombreuse, qu'elle n'est sincérement adorée dans
les foyers particuliers. Prenons un seul homme
au hasard ; plaçons-le entre son devoir et son
intérêt : il est fort à craindre qu'il ne choisisse
le parti le plus honteux ; mais qu'une délibé-

ration odieuse , nuisible à toute une nation ;
soit proposée à cent particuliers assemblés ;
quand même le plus grand nombre des membres de cette assemblée seroit assez pervers
pour vouloir sacrifier la nation à ses propres
intérêts ; qu'un seul d'entr'eux s'élève , et
fasse entendre l'éloquence de la vertu ; tous
auroient honte de ne point paroître penser
comme lui, La justice et la vérité exerceront
dans une telle assemblée l'empire qui leur
appartient. Si cette remarque est vraie en
général pour toute assemblée nombreuse , et
sur-tout pour celles qui se tiennent sous les
yeux d'une nation , à plus forte raison sera-
t-elle vraie pour une assemblée de magistrats.
Quelles que soient la corruption des mœurs
et la perversité du siècle , une assemblée de
magistrats contient nécessairement beaucoup
d'hommes très-vertueux. La fonction seule
du magistrat lui inspire une haute idée de
lui-même , et une noble émulation de gloire
et de vertu qui accompagne cette haute idée.
L'étude de la jurisprudence contribue à développer ce germe de vertu , que la Divinité
a heureusement placé au fond du cœur de
chaque individu raisonnable. Ainsi, que le
législateur prenne courage : les armes de la
vertu le favoriseront pour opérer efficacement
le bien public ; il trouvera dans les corps

les plus nombreux, dans ceux principalement
de magistrature, des intentions droites, des
lumières utiles, des dispositions à faire des
sacrifices personnels, pour parvenir à la réforme la plus avantageuse ; mais si, contre
toute vraisemblance, il ne trouvoit point dans
ces corps de pareilles dispositions, toute la
nation s'ameuteroit, pour ainsi dire, étouf-
feroit par ses réclamations la voix d'un petit
troupeau de citoyens mal intentionnés.

Dans les pays où la noblesse a des priviléges
qui sont véritablement nuisibles à la nation,
et où par conséquent, le sacrifice de ces priviléges importeroit au bonheur national, qu'on
n'en doute point, l'éducation relevée qu'ont
reçue les nobles, le titre seul de nobles qui
les distingue, leur inspireront le désir de
s'ennoblir davantage aux yeux de la nation,
par des sacrifices de cette espèce : les uns le
feront par vertu, les autres par un sentiment d'amour-propre ; et s'il y a une nation
sur la terre qui se pique particulièrement de
se conduire par un sentiment d'honneur, c'est-
là où spécialement parmi les nobles on verra
que cet honneur est un puissant mobile. (1)

____

(1) J'avois achevé le manuscrit de cet ouvrage
bien avant que les pairs du royaume, et une foule

Il a fallu que les plus grands maux aient eu lieu par-tout où l'on a vu éclore le plus grand bien. Le bonheur national naît, pour ainsi dire, de l'infortune publique. Il en est des nations comme des particuliers : ceux-ci ne se forment à la vertu, que par les épreuves de l'adversité ; de même, la constitution politique d'une nation ne devient bonne et pour ainsi parler vertueuse, que lorsque la nation a éprouvé des crises violentes occasionées par les vices de la législation. Les lois sur les finances, sur les propriétés, sur la liberté des personnes, celles qui pourvoient foiblement à l'éducation de la jeunesse, ont chacune à leur tour excité des mécontentemens, des malheurs et des plaintes. Chaque classe de citoyens s'est acharnée contre une autre classe ; la haine a poursuivi avec scandale ses victimes, et n'a pas craint de s'associer quelquefois avec l'affreuse calomnie. A ce signe,

---

de nobles en France y eussent manifesté leurs dispositions à sacrifier leurs priviléges contraires à l'égale répartition de l'impôt. Ce noble dévonement à l'intérêt national aura sans doute beaucoup d'imitateurs dans toutes les classes de citoyens, desquelles on attend des sacrifices : du moins je ne me serai pas trompé dans toutes les espérances que j'ai conçues en écrivant cet ouvrage.

V 3

on a pu juger que la société étoit bien mal
assortie : elle n'étoit ainsi , que parce que les
diverses parties de la législation , presque
toutes défectueuses , s'assortissoient mal ensemble.

Dieu fasse que les bonnes lois qui auront
été proposées çà et là , au milieu de tant de
maux , surnagent et soient recueillies dans un
port heureux , où elles viennent prendre leur
place naturelle ! tel est le vœu des gens de
bien , là où ils ont lieu de considérer avec
douleur un semblable désordre où leur patrie
se trouve plongée. Que toutes les animosités ,
les vues d'intérêt personnel s'évanouissent !
Les bons citoyens ne cherchent point à haïr
ni à nuire ; ils ne désirent que la félicité publique ; et cette félicité ne résulte que d'une
parfaite harmonie entre les lois civiles , criminelles , morales et politiques.

Si dans un royaume comme la France, on
rencontroit de trop puissans intérêts opposés
au bonheur national qui doit résulter d'une
réforme portée sur toutes les parties de la législation , il faudroit opérer insensiblement
cette réforme , ainsi que je l'ai indiqué dans
l'ouvrage où je me suis occupé spécialement
des lois civiles , et ensuite dans un essai tou-

chant la conciliation des coutumes françaises.
Il n'appartient nullement à un écrivain isolé,
qui doit craindre de n'avoir point suffisamment les connoissances locales de chaque
portion d'un royaume, d'affirmer qu'il seroit
indispensable dans ce royaume de couper au
pied le tronc de l'arbre énorme d'une ancienne jurisprudence. Ce chêne d'une gros-
seur effrayante, tombant avec fracas sur le
penchant de la colline qu'il ombrage, peut oc-
casioner beaucoup de désastres particuliers. Il
n'appartiendroit qu'à un roi ou à un ministre,
qui seroit bien sûr de son fait, d'abattre ce
chêne antique, en pourvoyant à ce que sa
chûte ne causât point trop de ravages ; mais,
l'écrivain qui a démontré évidemment, comme
je crois l'avoir fait, les funestes inconvéniens
de la législation précédente, peut dire :
Abattez cette branche, et puis cette autre,
et puis cette autre. Modérez-en la chûte de
telle et telle manière : conservez de l'arbre
tout ce qu'il y a de sain ; entez-y les meilleurs
fruits. C'est ainsi que j'ai proposé de conserver un choix de lois romaines qui, associées
avec quelques lois coutumières, serviroient
de point de réunion aux membres épars de la
législation qu'il faut renouveller.

Enfin, si l'on veut opérer en France cette

réforme de la manière la plus douce, que risqueroit-on de rédiger maintenant le code en son entier, et au lieu de lui donner une dernière sanction, le proposer comme raison écrite, à-peu-près de même que le droit romain a été reçu depuis le douzième siècle dans presque toute l'Europe ? Devant ce code se compareroient les lois précédemment reçues; celles qui offriroient leurs différences d'avec ce code, offriroient sans doute des inconvéniens ; et peu-à-peu on les supprimeroit, à mesure que chaque province viendroit se ranger volontairement sous la loi préférable que ce code contiendroit. Les profits excessifs des gens de robe étant ainsi peu-à-peu réduits et limités, on ne causeroit qu'un dommage presque imperceptible sur la fortune de tant de citoyens qu'une jurisprudence défectueuse alimente. Peu-à-peu leur nombre diminueroit ; la foule des intéressés à la conservation d'anciens abus se dissiperoit ; et si l'on peut se servir de cette comparaison, le régime adoucissant prescrit au corps des ministres de la jurisprudence, lui rendant la santé, en feroit expulser par une transpiration insensible toutes les humeurs vicieuses.

Si dans des circonstances opportunes, on ne se détermine point à adopter un parti à peu près semblable, qu'on y prenne garde, les maux que j'ai décrits ailleurs, résultant de la manière actuelle de rendre la justice, iront toujours croissans d'un pas égal avec la dépravation des mœurs. Ils ne pourront être guéris que par de très-violentes secousses ; heureuse encore la nation, si ces remèdes, causant une crise salutaire, ne vont pas jusqu'à affoiblir notablement la bonté de la constitution du corps politique !

F I N.

TABLE.

Fin de la Table.